Johann Jocher · Salzkammergut Media Gmunden

DAS TRAUNSEE-BILDERBUCH

The LAKE TRAUNSEE ILLUSTRATED BOOK

Landschaft, Leben und Kultur rund um den „Lacus Felix“

Landscape, life and culture around “Lacus Felix”

DER TRAUNSEE – LACUS FELIX

LAKE TRAUNSEE – LACUS FELIX

Inmitten einer einzigartigen Gebirgswelt im Salzkammergut, die am Ostufer vom Traunstein (1.691 m) und dem Erlakogel (1.575 m), am Westufer vom Höllengebirge (um 1.800 m), dem Sonnstein (1.037 m) und dem sanften Gmundnerberg (884 m) dominiert wird, liegt der Traunsee.

Auf Grund seines bezaubernden Panoramas nannten ihn die Römer Lacus Felix (der glückliche See). Mit einer Länge von 12 km, einer Breite von 3 km und 196 Metern Tiefe ist er der tiefste aller Seen Österreichs und nach dem Attersee der zweitgrößte rein österreichische.

Wassersportler schätzen ihn ebenso wie Sonnenanbeter.

Lake Traunsee is situated in a unique mountain world in Salzkammergut, dominated on its eastern banks by the Traunstein (1,691 m) and Erlakogel (1,575 m) mountains, on its western banks by the Höllengebirge range (at 1,800 m), the Sonnstein (1,037 m) and the gently slopes of the Gmundnerberg (884 m).

The Romans named it Lacus Felix (the happy lake) for its enchanting panoramas. At 12 km long, 3 km wide and 196 metres deep it is the deepest of all Austria's lakes and, after Lake Attersee, the second largest belonging solely to Austria.

It is appreciated by water sports enthusiasts and sun worshippers alike.

THEMENÜBERSICHT
Topic Overview

FRÜHLING

SOMMER

HERBST

WINTER

SPRING

SUMMER

AUTUMN

WINTER

Herzlich willkommen im Traunsee-Bilderbuch!

Schön, dass Sie dieses Werk in Händen halten.

Als Herausgeber und Verleger war es unserer Firma großes Anliegen, mit diesem Bildband einen Teil des großartigen Schaffens des versierten Ebenseer „Heimatfotografen" Johann Jocher festzuhalten.

Bei der Auswahl haben wir uns sehr bemüht, die Schönheiten der Traunsee-Landschaft, der Seen- und der Bergwelt und der vier Traunseeorte selbst in allen Jahreszeiten in ausgewogener Weise zu treffen.

Erfreuen Sie sich auch an Flora und Fauna der Traunsee-Region, am bunten und doch sehr unterschiedlichen Brauchtums- und Kulturleben der Bewohner von Altmünster, Ebensee, Gmunden und Traunkirchen und an weiteren attraktiven Themenbildern!

Vorliegender Bildband ist mit seinem großen Spektrum sehr vielseitig geworden, erhebt aber in keiner Weise Anspruch auf Vollständigkeit!

Mein Dank gilt an dieser Stelle unserer Grafikerin Angelika Past für ihre Geduld und Umsicht, Herrn Johann Jocher für seinen fotografischen Blick und seinen großartigen Einsatz beim Werden dieses Buches und den Eigentümervertretern unserer Firma, die die Herausgabe dieses Werkes gefördert und ermöglicht haben.

Wir sehen es als über 110 Jahre junger Medienbetrieb am Traunsee eigentlich mit als unsere kulturelle Aufgabe, einmalige Werke wie dieses auch für kommende Generationen zu schaffen (wie es uns ja auch schon mit dem Salzkammergut-Dialektwörterbuch von Dr. Walter Rieder gelungen ist).

Viel Freude und Bildgenuss auf den folgenden 270 Seiten wünscht

Josef Muhr
Geschäftsführer Salzkammergut Media Ges.m.b.H.

A warm welcome to the Traunsee illustrated book!

Wonderful that you are holding this work in your hands.

As editor and publisher it was a labour of love for our company to record in this illustrated book some of the magnificent creations by the accomplished Ebensee "homeland photographer" Johann Jocher.

We made great efforts in the selection to balance the splendours of the Traunsee landscape, the lakes and mountain world and the four Traunsee towns themselves during every season of the year.

Enjoy the Traunsee region's flora and fauna, the colourful and quite diverse traditions and cultural life of the inhabitants of Altmünster, Ebensee, Gmunden and Traunkirchen, as well as other attractive themed images!

This illustrated book has grown enormously multifaceted yet by no means claims to be complete!

My thanks goes out at this point to our graphic designer, Angelika Past, for her patience and care, Mr. Johann Jocher for his photographic eye and his excellent dedication in the creation of this book and our company's shareholder representatives, who enabled and supported the publishing of this work.

Here at our over 110-years-young media company at the Traunsee we consider it our cultural responsibility to create unique works such as these, also for generations to come (as we have indeed also already succeeded in the Salzkammergut dialect dictionary by Dr. Walter Rieder).

I hope you thoroughly enjoy the text and images on the 270 pages to follow,

Josef Muhr,
Managing Director Salzkammergut Media Ges.m.b.H.

Rinnerkogel 2.012 m
Schönberg 2.093 m
Dachstein 2.995 m
Gamskogel 1.828 m
Gosaukamm 2.430 m
Großer Höllkogel 1.862 m
Brunnkogel 1.708 m
Eibenberg 1.598 m
Erlakogel 1.575 m
Gasselkogel 1.411 m
Offensee
<< Offensee
Bad Ischl >>
Steinkogel 1.644 m
Feuerkogel 1.592 m
Feuerkogel-Berggasthöfe
Hohe Schrott
Vorderer Langbathsee 664 m
Hinterer Langbathsee 732 m
Ebensee
Gr. Sonnstein 1.037 m
Kl. Sonnstein 923 m
Traunstein 1.691 m
Mairalm 789 m
Steineck 1.418 m
Katzenstein 1.349 m
Traunkirchen
Karbach
Moaristidl
TRAUNSEE
Nadasdy Klause
Hochkreut 959 m
Wiegeneck 955 m
Neukirchen
Reindlmühl
Umbern 819 m
Laudachsee
Ramsau Alm 910 m
Grünbergalm 984 m
Hochriedel 1.083 m
Schrattenau
GH Hoisn
GH Ramsau
Traunmüllerweg
GH Silberfuchs
Franzl im Holz
Wanderweg Franzl im Holz
Grünbergbauer
Silberroith
GH Grünberg
GH Steinmaurer
Seebahnhof
Schloß Weyer
Altmünster
Halbinsel Toscana
Strandbad
Seeschloß Ort
Rathausplatz
Gmunden
Hauptbahnhof Gmunden
Gmundnerberg 834 m
Hongar
Rabesberg
GH Rablschenke
Engelhof
Baumgarten
Gschwandt
Schloß Cumberland
Cumberland
Pinsdorf
A1 Richtung Salzburg >
Aurach
Autobahnabfahrt Regau
Richtung Wien

DIE TRAUNSEEORTE – TRAUNSEEPERLEN

The Traunsee towns – Traunsee pearls

ALTMÜNSTER

rund 11.000 aktive Einwohner, Fläche 79 km²

around 11,000 active inhabitants, surface area 79 km²

Der Name der Markt- und Fremdenverkehrsgemeinde geht auf ein Münster zurück, das 909 als „Kloster Traunsee" Erwähnung fand und in den Ungarnstürmen um 920 zerstört wurde. Das Gebiet ist aber bereits seit der Bronzezeit (2.200 – 800 v. Ch.) besiedelt. Kulturelle Kleinodien sind die spätgotische Pfarrkirche, errichtet über karolingischen Bauteilen mit dem Grab des Adam Graf Herberstorff (1585 – 1629), und eine figurenreiche Krippe von Johann Georg Schwanthaler (1740 – 1810) sowie das Schloss Ebenzweier und das Schloss Traunsee.

The name of the market and tourist community dates back to a cathedral, which was mentioned in 909 as the "Traunsee Monastery" and destroyed in the Hungarian invasions in 920. The area had however already been settled during the Bronze Age (2,200 – 800 BC). Cultural gems are the Late Gothic parish church, erected over Carolingian structural elements with the grave of Adam Graf Herberstorff (1585 – 1629), and a nativity scene with many figures by Johann Georg Schwanthaler (1740 – 1810) as well as Ebenzweier Castle and Traunsee Castle.

GMUNDEN

rund 15.600 aktive Einwohner, Fläche 63,5 km²

Around 15,600 active inhabitants, surface area 63.5 km²

Der größte der vier Traunseeorte liegt an der nördlichen Mündung der Traun aus dem See. Die Stadt war Jahrhunderte hindurch Verwaltungszentrum des Salzkammergutes mit dem mächtigen Salzamtmann an der Spitze und ist heute Sitz der Bezirkshauptmannschaft. Schon zur Zeit der Monarchie schätzten illustre Herrschaften das Urlaubsparadies, das heute auch durch die Fernsehreihe „Schlosshotel Orth" weltbekannt ist. Hohen Bekanntheitsgrad weit über die Landesgrenzen hinaus hat auch die Gmundner Keramik und Gmunden selbst als beliebte Hochzeitsstätte.

The largest of the four Traunsee towns is located at the northern mouth of the river Traun at the lake. Throughout centuries the city was the administrative centre of Salzkammergut with the mighty salt official at the helm and is now the seat of the district administration. Since the era of the monarchy illustrious rulers have appreciated the holiday paradise, which is now also world renowned from the TV series "Schlosshotel Orth". Gmunden ceramics and Gmunden itself as popular wedding site are widely recognised far beyond the country's borders.

EBENSEE

rund 8.400 aktive Einwohner, Fläche 195 km²

around 8,400 active inhabitants, surface area 195 km²

Der Ort liegt an der südlichen Ebene am See, wie der Name es sagt, und ist erst durch die Gründung einer Saline im Jahr 1607 und den Zuzug von Salinen- und Forstarbeitern als geschlossener Ort entstanden. Forstwirtschaft und Industrie bestimmten im wesentlichen Ortsbild und Beschäftigung der Bevölkerung. In den vergangenen Jahrzehnten hat sich das geändert. Die Vielfalt der Landschaft und des Brauchtums haben dem Fremdenverkehr besondere wirtschaftliche Bedeutsamkeit verliehen.

The town is located at the southern level of the lake, hence the name: Eben = level, and it was first created as a closed town in 1607 by founding a salt works and the influx of salt plant and forestry workers. Forestry and industry essentially shaped the townscape and employed the population. This has changed in the past few decades. The diversity of the landscape and traditions has conferred a special economic significance on tourism.

TRAUNKIRCHEN

rund 2.400 aktive Einwohner, Fläche 18 km²

Around 2,400 active inhabitants, surface area 18 km²

Der Name des heutigen Fremdenverkehrsortes geht auf die fünf Kirchen zurück, die der kleinste der Traunseeorte einst beherbergt hat. Neueste Ausgrabungen auf dem Johannesberg beweisen eine mehr als 3.500-jährige Geschichte. 1020 erfolgte die Gründung eines Frauenklosters, das bis in die Reformationszeit bestand. Heute dient eine Hälfte der ehemaligen Klosteranlage als Pfarrzentrum, die andere Hälfte ist Gemeinde-Eigentum (darin befinden sich u. a. das Museum der Bezirksgoldhauben und der Sitz der internat. wissenschaftl. Akademie). Berühmtes Kleinod der Pfarrkirche ist die Fischerkanzel (seit 1753) und besonderer und vielbesuchter Höhepunkt im Gemeindeleben ist die jährliche Seeprozession am Fronleichnamstag.

The name of the current tourist site dates back to the five churches once housed by this smallest of the Traunsee towns. The most recent excavations on Johannesberg mountain bear witness to its over 3,500-year-old history. A nunnery was established in 1020, which survived into the reformation period. Today half of the former nunnery serves as a parish centre; the other half is community property (located inside are the museum of the district's golden headdresses and the seat of the international academy of science, etc). The parish church's renowned gem is the Fisherman's Pulpit (since 1753) and a special and well-visited highlight of village life is the annual lake procession on Corpus Christi.

Blick vom Grasberg hinunter auf Altmünster (links) und dahinter (rechts) Gmunden. | *View from the Grasberg of Altmünster (left) and Gmunden behind (right).*

DER FRÜHLING RUND UM DEN TRAUNSEE
SPRING AROUND LAKE TRAUNSEE

Das bekannte Gedicht des deutschen Lyrikers Eduard Mörike (1804 – 1875) ist wohl mehr als passend für diese Jahreszeit am Traunsee:

„Frühling läßt sein blaues Band – Wieder flattern durch die Lüfte;
Süße, wohlbekannte Düfte – Streifen ahnungsvoll das Land.
Veilchen träumen schon – Wollen balde kommen.
Horch, von fern ein leiser Harfenton!
Frühling, ja Du bist's! – Dich hab' ich vernommen!“:

Freuen Sie sich auf die folgenden Seiten „Natur, Berg- und Seenlandschaften pur“!

The well-known poem by German poet Eduard Mörike (1804 – 1875) is probably more than fitting for this season at Lake Traunsee:

"Spring lets her blue ribbon Flutter in the breeze again;
Faint, familiar scents Drift with promise o'er the land.
Already the violets lie dreaming, longing to unfold
Hark, the sound of a harp faintly from afar!
Yes, spring, it is you! I can hear you coming!" *Translation: Charles L. Cingolani*

On the following pages enjoy the "pure nature, mountain and lake landscapes!"

Forsythien, eine der ersten Frühlingsboten grüßen ...
Greetings from the forsythia, one of the first heralds of spring ...

Freizeit und Sport kommen am Traunsee auch im Frühling nicht zu kurz.
There are no lack of leisure and sports activities at Lake Traunsee – even in the spring.

Kurz vor dem Sonnenaufgang mit Blick zum Erlakogel („Schlafende Griechin" – 1.575 Meter).
Shortly before sunrise with a view of Erlakogel ("The Sleeping Greek Girl" – 1,575 metres).

Blick zum Hallstätter Gletscher, dem größten Gletscher des Dachsteingebirges mit dem Hohen Dachstein (2.995 Meter), dem höchsten Gipfel Oberösterreichs.
View of Hallstätter glacier, the largest Dachstein glacier with the Hohen Dachstein (2,995 metres), Upper Austria's highest peak.

Ein Frühlingsmorgen am Feuerkogel. | A spring morning on the Feuerkogel.

Blick vom Helmesgupf (oder Helmeskogel genannt, 1.633 Meter) zum Toten Gebirge, links vom Gipfelkreuz ist der Schönberg oder Wildenkogel (2.093 Meter) zu sehen.

View from Helmesgupf (also called Helmeskogel, 1,633 metres) to the Totes Gebirge mountain range, the Schönberg or Wildenkogel (2,093 metres) can be seen to the left of the summit cross.

Blick vom Feuerkogelplateau über den Eibenberg zur höchsten Erhebung im Toten Gebirge, dem Großen Priel (2.515 Meter).
View from Feuerkogel plateau of the Eibenberg to the highest peak in the Totes Gebirge mountain range, the Grosser Priel (2,515 metres).

Der Vollmond taucht in der Abendsonne hinter dem Traunstein auf.
The full moon appears behind the Traunstein in the setting sun.

Sonnenuntergang am Feuerkogel, links der Alberfeldkogel (1.707 Meter).
Sunset at the Feuerkogel, left the Alberfeldkogel (1,707 metres).

Vorderer Langbathsee mit Brunnkogel im Höllengebirge (rechts).
Vorderer Langbathsee lake with Brunnkogel in the Höllengebirge range (right).

Schloss Ebenzweier in Altmünster: bereits im 13. Jahrhundert urkundlich erwähnt, beherbergt es heute das Internat der Gastgewerbeberufsschule.
Ebenzweier Castle in Altmünster: already documented in the 13th Century, today houses the hospitality industry boarding school.

Die Primel
The primrose

Die Farbenvielfalt der Tulpen ist fast unerschöpflich.
The nearly endless variety of tulip colours.

Das Gartenstiefmütterchen
The pansies

Der Märzenbecher, aus der Familie der Narzissengewächse und ein „verlässlicher Frühlingsbote".
The snowflake from the narcissus plant family and a "reliable herald of spring".

Die Villa Toscana inmitten des 88.000 m² großen Toskanaparks in Gmunden (erbaut 1869, heute dem anliegenden Kongresshaus zugehörig).
Villa Toscana amid the 88,000 m² Toscana Park in Gmunden (built 1869, now belongs to the adjacent convention centre).

Blick vom 1.037 Meter hohen Ebenseer (oder Großen) Sonnstein hinüber zum Feuerkogel (1.592 Meter).
View from the 1,037 metre Ebensee (or Grosser) Sonnstein over to the Feuerkogel (1,592 metres).

Die Schneerose mit Leberblümchen vereint.
The Christmas rose united with liverwort.

Blick vom Eibenberg (1.598 Meter) zum Erlakogel und Traunstein.
View from the Eibenberg (1,598 metres) of Erlakogel and Traunstein.

Die Schneeschmelze in den Bergen geht langsam zu Ende.
The snow melting in the mountains comes slowly to an end.

Der Wiesensee im Mittereckergebiet bei Ebensee, welcher sich nur im Zuge der Schneeschmelze, langer Regenperioden oder Unwettern mit Wasser füllt. Ansonsten ist dieses Relikt der letzten Eiszeit „wasserlos".
Lake Wiesensee in the Ebensee Mittereck region, which only fills with water from melting snow, long periods of rain or storms. Otherwise this relic of the last ice age is "waterless".

Blick auf den hinteren Langbathsee bei Ebensee.
View of Hinterer Langbathsee lake near Ebensee.

Blick vom Traunkirchner Sonnstein (923 Meter) auf das Zentrum von Traunkirchen.
View of the centre of Traunkirchen from Traunkirchen's Sonnstein (923 metres).

Blick vom Baalstein in Traunkirchen (872 Meter) Richtung Altmünster, Gmunden und den Grünberg.
View from the Baalstein in Traunkirchen (872 metres) towards Altmünster, Gmunden and the Grünberg.

Der Schwalbenschwanz-Schmetterling
The tiger swallowtail butterfly

Der Enzian
The gentian

Der Petergstamm oder auch Alpenaurikel genannt.
The Petergstamm (Primula balbisii) - also called the Alpine auricula.

Der Frauenschuh
The lady's-slipper

Auf dem Weg zum Geschirreck (1.410 Meter) in Ebensee mit Blick auf den Offensee. | *On the way to the Geschirreck (1,410 metres) in Ebensee with a view of Lake Offensee.*

Blick von der Ortschaft Mühlbachberg in Traunkirchen Richtung Gmunden.
View of the village of Mühlbachberg in Traunkirchen towards Gmunden.

Blick über den etwa 907 Meter hoch gelegenen Almboden der Hochsteinalm bei Traunkirchen.
View of the approx. 907 metre high Almboden of the Hochsteinalm near Traunkirchen.

Hinter den Ausläufern von Gmunden die Rapsfelder mit dem Grünberg und dem Traunstein.
Rape fields behind the Gmunden foothills with the Grünberg and the Traunstein.

Die Mohnblume
The poppy

Ein Gewitter zieht auf.
A storm is brewing.

Die Blitze, schön und trotzdem furchteinflößend.
Lightening, beautiful yet terrifying.

Das Frühlingsgewitter ist zu Ende. Der Regenbogen über dem Traunsee spannt sich über den Schönberg (auch Kleiner oder Traunkirchner Schönberg genannt).
The spring shower is over. A rainbow spans Lake Traunsee arching over the Schönberg (also called Kleiner or Traunkirchner Schönberg).

Nach der Bauernmesse und dem Festzug zum Rathausplatz werden dort die Liebstattherzen verschenkt.
After the "farmer's mass" and procession to the town hall square, where the Liebstatt hearts are given away.

LIEBSTATT – VON HERZEN
LIEBSTATT – FROM THE HEART

Der Liebstatt-Sonntag ist ein Festtag, der nur im Salzkammergut und den Nachbarregionen bekannt ist und gefeiert wird. 1641 wurde vom Passauer Fürstbischof Leopold Wilhelm (1614 – 1662), einem österreichischen Erzherzog, die Gmundner „Corpus Christi Bruderschaft" bestätigt.

Diese religiöse Gemeinschaft gestaltete an jedem 4. Fastensonntag, dem Sonntag Laetare (= Freuet euch!), der im Hinblick auf das nahe Ostern gefeiert wird, für die Armen der Stadt ein Festmahl, um so an ihnen die (christliche Nächsten-)Liebe abzustatten.

Heute werden an diesem Sonntag Lebkuchenherzen, von geschickten Konditoren mit sinnigen Sprüchen verziert, an jene verschenkt, die dem Schenkenden am Herzen liegen.

Liebstatt Sunday is a holiday only known and celebrated in Salzkammergut and the neighbouring regions. In 1641 the Gmunden "Corpus Christi brotherhood" was certified by the Passau prince bishop Leopold Wilhelm (1614 – 1662), an Austrian archduke.

This religious community held Laetare Sunday (= be joyful!) on every 4th Sunday of Lent, which celebrates the coming Easter. There is a feast for the poor of the city to give them (Christian) charity.

Nowadays on this Sunday gingerbread hearts crafted by skilled confectioners and adorned with clever sayings are given to the people, who are near and dear to the giver's heart.

Unter Musikbegleitung trifft der Festzug mit den Trachtengruppen nach der Bauernmesse am Stadtplatz ein.
After the farmer's mass, the procession with the traditional costume groups reaches the town square with musical accompaniment.

Am Rathausplatz sind diese Liebstattherzen in verschiedenen Größen und mit vielen unterschiedlichen Sprüchen auch käuflich zu erwerben.
These Liebstatt hearts can also be purchased at the town hall square in different sizes and with many different sayings on them.

Die Trachtenvereine, wie hier der Gmundner Trachtenverein „Traunseer“ samt Goldhaubengruppe, halten sich dann am Rathausplatz und auf der Esplanade auf.
The traditional costume associations, such as here the Gmunden “Traunseer” traditional costume association with the golden headdress group, gather then at the town hall square and on the esplanade.

Auch dem Bürgermeister im Rathaus wird mit einem Herzen aufgewartet.
There is even a heart bestowed on the mayor in the town hall.

Viele nicht in Trachtenvereinen tätige Privatpersonen und ganze Familien tragen stolz ihre „festliche Tracht".
Many private individuals and whole families not active in traditional costume associations also proudly wear their "festive traditional costumes".

Die Kreuzigungsgruppe in der Kalvarienbergkirche Ebensee. In jedem Ort am Traunsee gibt es einen Kalvarienberg mit einer Kirche bzw. Kapelle.
The crucifixion group in the Ebensee Calvary Church. Every village at Traunsee Lake has a Calvary with a church or chapel.

OSTERN – AUFBRUCH IN DIE ZUKUNFT
EASTER – LIFT OFF INTO THE FUTURE

Das Wort Ostern löst schöne Erinnerungen bei den meisten Menschen aus und erhellt ihre Gedanken und Gesichtszüge.

In diesem Fest wird das Wiedererstehen der Natur aus der Kälte des Winters und die Auferstehung des Jesus Christus aus der Kälte des Todes gefeiert. Beide Phänomene begleiten uns lebenslang und zwingen uns gelegentlich in die Nachdenklichkeit.

The word Easter triggers wonderful memories in most people and brings light to their thoughts and faces.

This festival celebrates the re-emergence of nature from the cold of winter and the resurrection of Jesus Christ from the cold of death. Both phenomena accompany us through our lives and occasionally give us pause to reflect.

Die handbemalten Ostereier – die Glücksbringer der Osterzeit.
The hand-painted Easter eggs – the lucky charm of Eastertide.

Das Binden der Palmbuschen, welche am Palmsonntag in der Kirche geweiht und anschließend auf dem Feld, im Garten oder in den Wohnungen aufgestellt werden.
Binding the palm fronds, which are sanctified in the church on Palm Sunday and then positioned in a field, in the garden or in the home.

Der Bau der Ratschen für den Lauf am Karfreitag und Karsamstag (Bild links). Es gibt verschiedene Arten von Ratschen, am Traunsee finden vorwiegend „Rumpeln" oder „Fahnen" Verwendung. Das Bemalen der Ostereier (Bild rechts).
Building rattles for the run on Good Friday and Holy Saturday (image left). There are various types of rattles at Traunsee Lake, mainly "rattles" or "clappers" are used. Painting Easter eggs (image right).

Das Antlaßsingen, dessen Ursprünge in der Jesuitenzeit liegen, in der Nacht von Gründonnerstag auf Karfreitag in Traunkirchen.
Antlasssingen, the origins of which date back to the time of the Jesuits, in Traunkirchen in the night of Maundy Thursday to Good Friday.

Karfreitag, 4 Uhr früh: Nach den Gebeten an den Kapellen des Kreuzweges dann die Andacht in der Kalvarienbergkirche in Traunkirchen.
Good Friday, 4.00 in the early morning: Prayers at the chapels of the Stations of the Cross then the devotion in the Calvary church in Traunkirchen.

Die Ratschenbuben, welche am Karfreitag und Karsamstag durch die Orte ziehen, mit ihren „Rumpeln" (Bild links) oder „Fahnen" (Bild oben), die Glocken ersetzen und ihre Gebetssprüche aufsagen.
The Ratschenbuben [rattle playing boys] who trundle through town with their "rattles" (image left) or "clappers" (image above) on Good Friday and Holy Saturday, who replace the bells and recite their prayers.

Das Grab Jesus (Pfarrkirche Ebensee).
Jesus' grave (Ebensee parish church).

Der Stadtplatz Gmunden an einem Dienstag im Mai, mit dem traditionellen Gmundener Wochenmarkt, dessen Geschichte bis ins 13. Jahrhundert zurückreicht.
The Gmunden town square on a Tuesday in May with the traditional Gmunden farmer's market, the history of which dates back to the 13th Century.

DER MAIBAUM – SYMBOL NEUEN LEBENS
THE MAYPOLE – SYMBOL OF NEW LIFE

In feierlicher Prozession wird der Maibaum am Vorabend des ersten Mai von in Tracht gekleideten Männern, Frauen und Kindern, oft begleitet durch eine Musikkapelle, zum Aufstellungsort gebracht. Der ist in der Regel der Platz vor dem Rathaus oder sonst ein prominenter Punkt im Gemeindeleben.

Viel Arbeit haben fleißige Frauen beim Schmücken des Baumes aufgewendet, den vorher Männer mit Sorgfalt im Wald ausgesucht, gefällt, geschält und vorbereitet haben. Nicht jeder Baum wird genommen! Es muss ein „schöner", möglichst hoher sein, wenn möglich um einige Meter höher als der Maibaum im Nachbarort...

Das Aufstellen des Baumes erfordert viel Erfahrung, eine eingespielte Mannschaft und eindeutige Kommandos des „Machers". Wenn der Maibaum steht, wird in vielen Fällen der Bandltanz aufgeführt und es beginnt festliches Treiben mit Musik, Gesang, Speise und Trank.

Der Maibaum will auch die ganze Nacht bewacht sein – zu groß ist sonst die Gefahr, dass er „gestohlen" wird.

In a festive procession the maypole is brought to where it is to be erected on the eve of the first of May by men, women and children dressed in traditional costume, often accompanied by a band. As a rule this is the square in front of city hall or an otherwise prominent place in community life.

Industrious women have put in a lot of work decorating the tree that the men had previously selected in the forest with care, felled, stripped and prepared. Not just any tree is taken! It must be "beautiful", as tall as possible and – if possible – a few metres taller than the maypole in the neighbouring village...

Erecting the tree takes a lot of experience, a good team and unambiguous commandos of the "doer". When the maypole is up, the Bandltanz dance is often performed, and the festivities begin with music, song, food and drink.

The maypole needs to be guarded all night – otherwise the risk of it being "stolen" is too great.

Der Maibaum wird am Ortsplatz Altmünster unter großer Anstrengung aufgestellt.
The maypole is erected with great effort at Altmünster town square.

Der vom Trachtenverein Altmünster festlich geschmückte Maibaum wird, begleitet durch festliche Klänge der Marktmusik Altmünster, zum Ortsplatz gebracht …
The maypole is festively decorated by the Altmünster association for traditional costumes, accompanied by festive sounds of the Altmünster market band, and brought to the town square …

Bald ist es geschafft, auch dank Mithilfe der Feuerwehr.
Almost finished also thanks to the assistance of the fire brigade.

Anschließend folgen verschiedene Tanzvorführungen.
Various dance performances follow afterwards.

Mitglieder des Heimat- und Trachtenvereines „Alt Gmunden" in der Werktagstracht aus der Zeit Maria Theresias auf der Esplanade in Gmunden.
Members of the Traunsee society for traditional costumes "Alt Gmunden" on the esplanade in Gmunden wearing the traditional work clothes dating back to the reign of Maria Theresia.

TRACHTENUMZÜGE AM TRAUNSEE
TRADITIONAL COSTUMES PARADE AT TRAUNSEE LAKE

Tracht kommt von tragen und getragen wird sie im Salzkammergut heute noch mit großer Vorliebe – historische Damen- und Herrenmode, die anno dazumals die Alltags- oder Festtagskleidung darstellte. Wobei die Tracht der Bürger und die der weniger Begüterten deutliche Unterschiede im Preis und im Aussehen aufwies. Eine Goldhaubentracht konnte sich die Frau eines Pfannhausers (Salinenarbeiters) oder Holzknechtes (Holzfacharbeiters) einfach nicht leisten und sie hätte sie auch nicht tragen dürfen!

Im Salzkammergut hat die Tracht einen ganz besonderen Stellenwert, wird sie doch von zahlreichen Frauen und Männern keineswegs nur an Sonn- und Feiertagen getragen, sondern ist für viele auch heute noch Alltagskleidung, der der Vorzug vor den Jeans gegeben wird.

Einen ganz besonderen Eindruck machen Trachten-Musikkapellen und Trachtenumzüge. Durch die Teilnahme von Brauchtumsgruppen und Trachtenvereinen ergibt sich ein wunderbar farbenfrohes Bild.

The German word for traditional costume, "Tracht", is derived from "tragen" [to wear], and it is still worn in Salzkammergut with great fondness to this day – the historic men's and women's fashion, which represents the everyday or festive clothing of the past. Traditional dress of the bourgeois and the less well-to-do showed clear differences in price and appearance - the wife of a Pfannhauser (salt worker) or of a lumberjack (timber processor), for example, could simply not afford a traditional golden headdress dress – nor would she have been allowed to wear it!

Traditional dress has a very special place of importance in Salzkammergut. It is certainly by no means only worn on Sundays and holidays but is still everyday clothes for countless men and women to this day, and preferred over jeans.

Traditional costume bands and traditional dress parades make quite an impression. Participation by folklore groups and societies for traditional costumes paints a wonderfully colourful picture.

Eine Goldhaubengruppe aus Ebensee.
A golden headdress group from Ebensee.

Die Salinenmusikkapelle Ebensee bei einem Festtagsumzug.
The Ebensee salt works band at a festival procession.

Die Alttracht Ebensee.
Ebensee traditional Alttracht costumes.

Die Feuerwehrmusikkapelle Langwies aus Ebensee.
The Langwies fire brigade band from Ebensee.

Mitglieder des Trachtenvereines „D'Sunnstoana" aus Ebensee.
Members of the "D'Sunnstoana" society for traditional costumes from Ebensee.

Die „Stahelschützen" (Armbrustschützen) des Trachtenvereines „D'Sunnstoana" aus Ebensee.
The "Stahelschützen" (crossbowmen) of the "D'Sunnstoana" Ebensee society for traditional dress.

Die Solvay Werkskapelle aus Ebensee.
The Solvay factory band from Ebensee.

Die „Stahelschützen" (Armbrustschützen) vom Tiroler Häusl samt den beiden Zielern (Schußanzeigern).
The "Stahelschützen" (crossbowmen) from Häusl in Tyrol with two targets (Schussanzeiger).

Die Hochzeits- und Prangerschützen aus Ebensee.
The Hochzeits- und Prangerschützen riflemen from Ebensee.

Eine große Abordnung der Vogelfänger aus dem Salzkammergut ist bei allen bedeutenden Trachtenumzügen vertreten.
A large delegation of bird catchers from Salzkammergut is represented at all important traditional costumer processions.

Ein Stahelschütze (Armbrustschütze) kurz vor der Schußabgabe.
A Stahelschütze (crossbowman) just prior to firing.

Die kleinen Zielscheiben mit sehr guten Treffern werden Stolz am Hut getragen.
The small targets showing excellent marksmanship are worn proudly on the hat.

Sonntagsruhe in der Tracht.
Sunday rest in traditional garb.

Arbeiter- und Handwerkstradition am Hut getragen.
Labourer and handcraft tradition worn on the hat.

RC-44 Austria Cup: Das Boot der Österreicher. | *RC-44 Austria Cup: The Austrians' boat.*

DER TRAUNSEE – SEGELMETROPOLE MIT TRADITION

TRAUNSEE – SAILING METROPOLIS WITH TRADITION

Der Traunsee ist ein beliebtes Segelrevier und jeder Traunseesegler weiß: In der Bucht von Gmunden oder in der von Ebensee gibt es (nahezu) immer Wind!

Bei den Seglern sind zwei große Gruppen vorherrschend, die natürlich jeweils Untergruppen aufweisen, auf die hier nicht weiter eingegangen werden kann.

Erstens die Genusssegler: Sie betreiben diesen Sport ausschließlich zu ihrem Vergnügen und vermeiden Regatten tunlichst. Sie lassen die Segel bisweilen fallen, genießen ein Sonnenbad oder nehmen ein Bad im See, manche ergötzen sich abwechselnd an beiden! Dafür werden sie von der zweiten Gruppe eher verächtlich als Badesegler tituliert.

Zweitens die Regattasegler (bei denen ein Höhepunkt die RC-44-Klasse ist): Sie nehmen ihren Sport sehr ernst, und das müssen sie ja auch tun, sonst könnten sie eine Regatta nicht gewinnen!

Und für diese Gruppe findet im Frühling mit der „Traunsee-Segelwoche" Österreichs größte Segelveranstaltung statt.

Lake Traunsee is a popular sailing area and, as every Traunsee sailor knows: There is (nearly) always wind in Gmunden or Ebensee bay!

There are predominantly two major groups of sailors, each of which are naturally divided into subgroups, which cannot be addressed in more detail here.

First the hobby sailors: They participate in this sport exclusively for pleasure and avoid regattas at all costs. They set sail from time to time, enjoy a sunbath or swim in the lake, some even alternate between one and the other! They are disparagingly referred to by the second group as Badesegler ["bathtub sailors"].

Next the regatta sailors (whose most important race is the RC-44 Competition): They take their sport very seriously, and they certainly have to, otherwise they couldn't win a regatta!

"Traunsee Sailing Week", Austria's biggest sailing, event is held in the spring for this group.

RC-44-Boot: ca. 3,5 Tonnen Gewicht, Länge 13 Meter, Segelfläche etwa 300 m^2, maximale Geschwindigkeit 25 Knoten (ca. 46 km/h). 8 Mann Besatzung.
RC-44 boat: approx 3.5 tonnes in weight, length 13 metres, sail area around 300 m^2, maximum speed 25 knots (approx. 46 km/h). 8 man crew.

Knapp sind die Abstände dieser Rennboote ...
The gaps between these racing boats are minimal ...

Das Boot „Spanien" hat mit starkem Westwind die Verfolgung aufgenommen ...
The boat, the "Spanien", has taken up the pursuit with a strong westerly wind ...

Kurz vor dem Ziel einer Wettfahrt. | *Just before the end of a race.*

O 20 792

Die seit 1632 bei geeignetem Wetter in Traunkirchen stattfindende Seeprozession zu Fronleichnam.
The lake procession in Traunkirchen held on Corpus Christi since 1632 – weather permitting.

FRONLEICHNAM – CHRISTUS AUF DEM SEE

CORPUS CHRISTI – CHRIST ON THE LAKE

Alljährlich ein Höhepunkt im Salzkammergut:

Das Fronleichnamsfest. Ganz besonders in Traunkirchen und Hallstatt, wo die traditionelle Fronleichnamsprozession auf dem See abgehalten wird.

Das Fest Fronleichnam wurde 1264 von Papst Urban IV. für die ganze Kirche eingeführt. Im Salzkammergut, das um 1600 überwiegend evangelisch war, ist es im Zuge der Gegenreformation von den Jesuiten, die seit 1622 als kirchliche Obrigkeit in Traunkirchen residierten, besonders gefördert worden.

Und so bestaunen einmal im Jahr Besucher aus nah und fern die Seeprozessionen in Traunkirchen und Hallstatt: die mit Buchenlaub und Blumen geschmückten „Fuhren“ und ganz besonders die „Himmelfuhre“ mit dem Priester und dem Allerheiligsten in der Monstranz.

Sogar der Ort hat „Festtagskleidung“ in Form von Laubschmuck und reich geschmückten Fenstern angelegt.

Annual highlight in Salzkammergut:

The Corpus Christi festival. Especially in Traunkirchen and Hallstatt, where the traditional Corpus Christi procession is held on the lake.

The Corpus Christi festival was introduced for the entire church in 1264 by Pope Urban IV. It was particularly promoted in Salzkammergut, which was primarily Protestant in 1600, by the Jesuits who resided in Traunkirchen as church authorities since 1622 during the counter-reformation.

So now once a year visitors come from near and far to marvel at the lake procession in Traunkirchen and Hallstatt: the “Fuhre” (a special boat) adorned with beech leaves and flowers and the very special “Himmelsfuhre” (ascension boat) with the Priest and Eucharist in the monstrance.

Even the town puts on its “festival clothing” with foliage decorations and lavishly adorned windows.

Die Seeprozession hält an drei, seit mehreren Jahrhunderten festgelegten Segenstationen an, wo gebetet, gesungen und musiziert wird.
The lake procession stops at three “blessing stations” established for several centuries, where people pray, sing and make music.

Ausblick Schönberg, die an der Seeprozession teilnehmenden Schiffe steuern die erste Segenstation im Ortsteil Winkl an.
Schönberg vista, where ships participating in the lake procession head towards the first "blessing station" in the district of Winkl.

Ausblick von einem Vorgipfel des Erlakogels hinunter auf den See, während die Schiffe der Prozession langsam auf die zweite Segenstation zufahren.
View from an Erlakogel secondary summit down to the lake, while the ships in the procession slowly navigate to the second "blessing station".

Blick vom Traunkirchner Sonnstein auf die Seeprozession, welche sich der letzten Segenstation am Wasser vor dem Ortsteil Siegesbach nähert. Danach geht die feierliche Prozession an Land mit der vierten Segenstation zu Ende.
View from Traunkirchen Sonnstein onto the lake procession, approaching the last "blessing station" on the water in front of the district of Siegesbach. Afterwards the festive procession comes to an end on land at the fourth "blessing station".

Die Johannesberg-Kapelle. An dieser Stelle befand sich bereits in der Römerzeit eine Kultstätte.
Johannesberg chapel. A place of worship has been located on this site since Roman times.

Der kleine Gebetsraum der Johannesbergkapelle, welche bereits 1356 urkundlich erwähnt wurde.
The small Johannesberg Chapel prayer room, which was documented as early as 1356.

In den Bergen rund um Traunkirchen sind aus der Jesuitenzeit noch einige steinerne „Totenbücher" (Skizzen/Steinritzbilder) erhalten, welche angeblich an die von den Jesuiten aus dem Kirchenbereich vertriebenen Lutheraner und ihre Gedenkstätten erinnern. Die Gräber, in welchen sie ihre Toten damals bestatteten, wurden bis heute nicht gefunden. Es war den „Lutheranern" unter den Jesuiten damals nicht gestattet, ihre Toten in der geweihten Erde rund um das Kloster Traunkirchen zu bestatten.
In the mountains around Traunkirchen a few stone "books of the dead" (rock sketches/engravings) are still preserved from the time of the Jesuits, which are allegedly reminiscent of the Lutherans driven out of the church area by the Jesuits and their memorial sites. The graves, where they interred their dead at that time, have still not yet been found. "Lutherans" were not permitted under the Jesuits at the time to bury their dead in the consecrated ground around Traunkirchen monastery.

Im Jahre 1020 errichteten Benediktinerinnen das Kloster Traunkirchen. 1327 zerstörte ein Brand das Kloster vollständig. Es wurde von den Benediktinerinnen wieder aufgebaut. 1622 übernahmen Jesuiten aus Passau das Kloster. Nach dem zweiten Großbrand 1632 im Kloster wurde die Barockkirche in der heutigen Form erbaut. 1773 wurde unter Kaiserin Maria Theresia der Jesuitenorden aufgehoben, was auch das Ende des Klosters Traunkirchen bedeutete.

Benedictines built the Traunkirchen monastery in the year 1020. A fire completely destroyed the monastery in 1327. It was rebuilt by the Benedictines. Jesuits from Passau took over the monastery in 1622. After the second great fire in the monastery in 1632 the baroque church was rebuilt in its present form. The Jesuit order was abolished under Empress Maria Theresia in 1773, which also signified the end the Traunkirchen monastery.

Das Innere der Klosterkirche mit der berühmten „Fischerkanzel", welche von einem bis heute unbekannten Künstler 1753 fertiggestellt wurde und das Wunder des reichen Fischfanges Petri darstellt. 1754 wurden von Franz Preisl der Hochaltar, dieser ist der Krönung Mariens geweiht, sowie die beiden Seitenaltäre erschaffen.

The interior of the monastery church with the renowned "Fisherman's Pulpit", which was completed by an as yet unknown artist in 1753 and depicts Petri's miraculous catch of fish. In 1754 the high alter was created by Franz Preisl, which was dedicated to the coronation of Maria, as well as the two side altars.

DIE SONNENWENDE RUND UM DEN TRAUNSEE
SOLSTICE AROUND TRAUNSEE LAKE

Am 21. Juni erreicht die Sonne ihren Höchststand über dem Horizont und die Tage werden wieder kürzer. Dieses Datum markiert sozusagen einen mystischen Tag, der schon lange vor der Christianisierung durch religiöse und andere Festlichkeiten und Bräuche bestimmt war.

Seitdem sich das Christentum durchgesetzt hat, werden diese Bräuche Johannes dem Täufer zugedacht und im ganzen Salzkammergut flammen ungezählte Johannis- oder Sonnwendfeuer glühend in den Nachthimmel.

Heute werden die Vorbereitungen dieser Feuer und auch das Abbrennen meist von Feuerwehrleuten, Bergrettern, Sportvereinen, alpinen Vereinen oder Burschengruppen organisiert.

On 21 June the sun reaches its highest point above the horizon and the days grow increasingly shorter. This date marks a "mystical" day, which had been determined by religious and other festivals and customs long before Christianisation.

Since Christianity was established, these customs are intended for John the Baptist, and all throughout Salzkammergut countless St. John's or solstice fires are aglow in the night sky.

Nowadays the preparations for and the fires themselves are mainly organised by fire brigades, sports clubs, mountain rescue, alpine associations or groups of youths.

Blick von Traunkirchen hinauf zum Sommersonnwendfeuer am Traunkirchner Sonnstein.
View from Traunkirchen down to the summer solstice fire on Traunkirchen Sonnstein.

Blick von der Sonnwendfeuerstelle am Traunkirchner Sonnstein hinunter auf Traunkirchen, im Hintergrund ist Gmunden zu sehen.
View of the solstice fire site on Traunkirchen Sonnstein down onto Traunkirchen, Gmunden can be seen in the background.

Blick von Traunkirchen hinauf zum Traunstein mit seinen zwei Sommersonnwendfeuerstellen vor dem Naturfreundehaus (rechts) und dem Alpenvereinshaus (links).
View from Traunkirchen down onto Traunstein with its two summer solstice fire sites in front of the Naturfreundehaus (right) and the Alpenvereinshaus (left).

Blick vom Traunstein hinunter auf Gmunden.
View from Traunstein down onto Gmunden.

Blick vom Gmundnerberg hinunter auf Altmünster und hinüber zum Traunstein.
View from the Gmundnerberg down onto Altmünster and across to the Traunstein.

DER SOMMER RUND UM DEN TRAUNSEE
SUMMER AROUND LAKE TRAUNSEE

Die „Sommerfrische" hatte auch für den Traunsee, und hier speziell für Gmunden, seit Mitte des 19. Jahrhunderts große Bedeutung. Viele Städter zogen im Sommer in das Salzkammergut und an den „Lacus Felix". Die Tendenz dafür ist heute wieder steigend, wenngleich die hier verbrachte Urlaubsdauer nunmehr an Tagen wesentlich geringer geworden ist.

Beim Betrachten der kommenden Seiten werden Sie auch jene Menschen besonders gut verstehen, die in großer Zahl den Traunsee nicht nur als Urlaubsdestination sondern gleich als Zweitwohnsitz gewählt haben! Gründe dafür gibt es wahrlich genug.

The "summer retreat" has also been of major significance to Lake Traunsee and particularly to Gmunden, since the mid 19th Century. In the summer many city folk moved to Salzkammergut and to "Lacus Felix". This trend is now increasing again, even though the duration of the holidays spent here has now grown shorter.

When viewing the following pages you will also understand those people particularly well, who have not only chosen the Traunsee in great numbers as a holiday destination but also as a second home! Verily, there are reasons enough for this.

Willkommen, lieber Sommer!
Welcome, dear summer!

Ein Morgen am Traunstein. Blick hinunter auf Traunkirchen (Bildmitte) und links Richtung Ebensee.
A morning on the Traunstein. View down onto Traunkirchen (centre) and left towards Ebensee.

Blick vom Langwandkogel am Feuerkogelplateau hinüber zum Erlakogel (auch Schlafende Griechin genannt), wo gerade die Sonne genau hinter dem Gipfel aufgeht. Für dieses Bild musste sich unser Fotograf mehrere Jahre „in Geduld üben" und abwarten.
View from the Langwandkogel on the Feuerkogel plateau over to Erlakogel summit (also called "The Sleeping Greek Girl"), where the sun is just coming up behind the summit crucifix. For this photo our photographer had to "practice patience" for several years and wait.

Das Gipfelkreuz am Hochkogel im Toten Gebirge kurz nach dem Sonnenaufgang.
The summit crucifix on the Hochkogel in the Totes Gebirge range just after sunrise.

Das 14 Meter hohe, aus Metall kunstvoll mit Darstellungen verschiedener Zünfte gestaltete, Gipfelkreuz des Brunnkogels (1.708 Meter) im Höllengebirge nach dem Sonnenaufgang. Rechts unten ist der Traunstein zu sehen.
The 14 metre high, artistically designed metal Brunnkogel summit cross with depictions of various guilds (1,708 metres) in the Höllengebirge range after sunrise. The Traunstein can be seen below to the right.

Eine der Abstiegsmöglichkeiten vom Brunnkogel im Höllengebirge ist der Weg zum Taferlklaussee. Dieser liegt noch im Gemeindegebiet von Altmünster, im Grenzgebiet zum Attersee.
One option to descend the Brunnkogel in the Höllengebirge is the path to Lake Taferlklaussee. This is still located in the municipal region of Altmünster, in the border area to Lake Attersee.

Eine Malve am Wegesrand.
A hollyhock at the edge of a path.

Eine weitere Abstiegsmöglichkeit vom Brunnkogel besteht über den Schafluckensteig zum hinteren Langbathsee.
Another option to descend the Brunnkogel is via the old alpine Schafluckensteig trail to the Lake Hintere Langbathsee.

Ein Morgen am Gmundnerberg bei Altmünster mit Blick auf die Ortschaft Neukirchen, Gemeinde Altmünster, sowie das Höllengebirge, welches sich vom Traunsee (links mit dem Feuerkogel) und der Griesalm (rechte hintere Erhebung) bis hinüber zum Attersee erstreckt.
One morning on the Gmundnerberg near Altmünster with views of Neukirchen village, the municipality of Altmünster as well as the Höllengebirge range, which extends from Lake Traunsee (left with the Feuerkogel), to the Brunnkogel and the "Griesalm" (last mountain to the right in the distance) all the way over to Lake Attersee.

Eine der vielen Enzianarten.
One of the many species of gentian.

Eine Weinbergschnecke am Wegesrand.
A Roman snail at the edge of a path.

Ein Schmetterling in seinem Element.
A butterfly in its element.

Am Weg vom Grünberg bei Gmunden über den Waldlehrpfad Richtung Laudachsee (von links: der Traunstein, der Dachstein mit seinem Gletscher, die beiden Sonnsteine, der Farnaugupf und dahinter das Höllengebirge).
On the way from Grünberg near Gmunden to the nature trail towards Lake Laudachsee (from the left: the Traunstein, the Dachstein with its glacier, the two Sonnsteins, the Farnaugupf, behind this the Höllengebirge range).

Die alte, seit Ende Oktober 2010 nicht mehr existente, nostalgische Grünbergseilbahn in Gmunden.
The old, nostalgic Grünberg cable car in Gmunden, defunct since late October 2010.

Symbolfoto | Sample photo

Und so soll sich die neue, moderne Seilbahn auf den Gmundner Hausberg zukünftig präsentieren.
And this is how the new, future, modern cable car on the Gmunden local mountain will look.

Blick vom Katzenstein auf die „ungewohnt grüne" Rückseite des Traunsteins.
View from the Katzenstein on the "unusual green" rear side of the Traunstein.

Der Blick durch das Katzensteinfenster auf den Laudachsee und die Ramsaualm.
The view through the Katzenstein "window" onto Lake Laudachsee and Ramsaualm.

Ausblick vom Katzenstein (1.349 Meter) hinunter zum Laudachsee samt Alm, den Grünberg, links davon ist Altmünster zu sehen, rechts davon der Flachberg.
View from the Katzenstein (1,349 metres) down to Lake Laudachsee with the alpine pasture, and Grünberg, Altmünster can be seen to the left of this, to the right of this is the Flachberg.

Der Ausblick vor dem Traunsteinhaus hinunter auf den See, Altmünster (Mitte) und Gmunden (rechts).
The view in front of the Traunsteinhaus down to the lake, Altmünster (centre) and Gmunden (right).

DER TRAUNSEE-BERGMARATHON
THE TRAUNSEE MOUNTAIN MARATHON

Eine besondere Veranstaltung mit großer sportlicher Herausforderung ist der seit 1989 meist anfangs Juli ausgetragene Traunseemarathon. Hierbei wird der Traunsee völlig umrundet und die TeilnehmerInnen legen dabei 4.400 Höhenmeter (!) und 70 Kilometer (!) zurück.

Start und Ziel befinden sich in Gmunden, an Berggipfeln werden dabei Grünberg, Traunstein, Erlakogel (Spitzlsteinalm), Feuerkogel, Hochsteinalm, Grasberg und Gmundnerberg bewältigt.

A special event and a major athletic challenge is the Traunsee marathon, which has been held regularly since 1989 in early July. The Traunsee is completely circled here and participants cover 4,400 metres in altitude (!) and 70 kilometres (!).

Start and finish lines are located in Gmunden. Mountain peaks thereby tackled are the Grünberg, Traunstein, Erlakogel (Spitzlsteinalm), Feuerkogel, Hochsteinalm, Grasberg and Gmundnerberg.

Der Anstieg über den „Naturfreundesteig" zum Traunstein. Es gibt mehrere Anstiegsmöglichkeiten. „Anstrengend" sind sie für den durchschnittlich trainierten Menschen jedoch alle.
The ascent over the "Naturfreundesteig" to Traunstein. There are several options to climb it, although all of them are "strenuous" for people with average fitness training.

Auf dem Weg zum Traunsteingipfel. Schöner Blick vom Bereich des Sulzkogels Richtung inneres Salzkammergut.
On the way to Traunstein peak. Beautiful views from the Sulzkogel towards the centre of Salzkammergut.

Das 10 Meter hohe Gipfelkreuz des 1.691 Meter hohen Traunsteins. Dieses Kreuz wurde den gefallenen Soldaten beider Weltkriege gewidmet. 520 Männer und 80 Frauen (viele von ihnen waren Kriegsheimkehrer) trugen 1950 in nur 2 Tagen die 4.000 Einzelteile des Gipfelkreuzes hinauf zum Gipfel des Traunsteins.
The 10 metre high summit cross of the 1,691 metre Traunstein. This cross was dedicated to the soldiers fallen in both world wars. In 1950, 520 men and 80 women (many of them war veterans returning home) carried 4,000 individual pieces of the summit cross up to the Traunstein peak in just two days.

Die Alpen- oder Bergdohle wartet auf „Futter" von den Bergsteigern.
The Alpine or mountain chough awaits "fodder" from the mountain climbers.

Ausblick vom Gipfel des Traunsteins, unweit der Gmundner Hütte des Österreichischen Alpenvereines, Richtung Ebensee und inneres Salzkammergut.
View from the peak of the Traunstein, not far from the Gmunden alpine hut of the Austrian Alpine Association, towards Ebensee and the Salzkammergut centre.

Anstieg zum Schönberg gegenüber von Traunkirchen.
Ascent to the Schönberg across from Traunkirchen.

Glockenblumen schmücken den Weg zum Gipfel.
Bellflowers adorn the trail to the peak.

Das Gipfelkreuz des 895 Meter hohen Schönbergs, auch Kleiner Schönberg genannt, mit Blick auf Ortsteile von Traunkirchen (links) und Altmünster (rechts).
The summit cross of the 895 metre Schönberg, also called the Kleiner Schönberg, with a view of the districts of Traunkirchen (left) and Altmünster (right).

Blick von Hochlindach auf das Zentrum Traunkirchens mit den beiden modernsten Schiffen am Traunsee, der „Karl Eder" (rechts) und der „Poseidon" (links).
View from Hochlindach of the centre of Traunkirchen with the two most modern ships on Lake Traunsee, the "Karl Eder" (right) and the "Poseidon" (left).

Blick vom Bereich unterhalb des Spitzlsteins hinunter auf den Ortsteil Rindbach (links) und das Ortszentrum von Ebensee (Mitte).
View from the area below the Spitzlstein down onto the district of Rindbach (left) and Ebensee town centre (middle).

Ein schönes Wanderziel ist die Gassel-Tropfsteinhöhle mit dem Ausgangspunkt Ebensee. Beim Höhleneingang, knapp 200 Höhenmeter unterhalb des Gasselkogels (1.411 Meter), steht die Schutzhütte des Vereins für Höhlenkunde Ebensee auf einer Höhe von 1.226 Metern, wo sich auch der Höhleneingang befindet (in der rechten oberen Bildhälfte können Sie beim genauen Hinschauen die Hütte finden).
A beautiful hiking destination is the Gassel stalactite cave with its point of departure in Ebensee. At the entrance to the cave nearly 200 metres in altitude below the Gasselkogel (1,411 metres) is the Ebensee Association for Cave Studies alpine hut at an altitude of 1,226 metres, where the cave entrance is also located (you can find the hut by looking closely at the right upper half of the image).

Die Höhle wurde 1918 erstmals befahren (erkundet) und erstreckt sich, im bis heute erforschten Teil, über mehrere Kilometer. Zu bestimmten Zeiten, in den Monaten von Mai bis September, ist eine geführte Begehung der elektrisch beleuchteten Schauhöhle möglich.
The cave was first explored in 1918 and extends several kilometres into the area that has been mapped to date. At certain times in the months of May to September, it is possible to take a guided tour of the electronically illuminated show cave.

Neben verschiedensten Tropfsteingebilden ist im Schauhöhlenbereich auch eine mehrere Meter hohe „steinerne Orgel" zu bewundern.
In addition to the wide variety of stalactite formation, one can marvel at a "stone organ" several metres tall in the show cave area.

Blick vom Schönberg (2.093 Meter) auch „Wildenkogel" genannt, im Toten Gebirge Richtung Norden (Gmunden und Traunstein). Dieser Gipfel, an der Landesgrenze zur Steiermark, ist die höchste Erhebung, welche von den Ufergemeinden und der Stadt Gmunden aus in den um den Traunsee liegenden Gebirgsstöcken zu sehen ist. | *View from the Schönberg (2,093 metres), also called the "Wildenkogel", in the Totes Gebirge range towards the north (Gmunden and Traunstein). This peak at the provincial border with Styria is the highest elevation that can be seen from the shoreline communities and the City of Gmunden in the massifs located around Lake Traunsee.*

Die Gämse, eine der vielen Tierarten unserer Bergwelt.
The chamois, one of the many animal species in our mountain world.

Die Höllenotter ist schwarz und gehört zur Familie der Kreuzottern.
The cave adder is black and a member of the European adder family.

Der Steinadler. Ebenfalls vereinzelt wieder in unseren Bergen beheimatet.
The golden eagle. Also sporadic resident in our mountains again.

Der Luchs. Sehr selten, kaum zu sehen und doch in unserer Gegend wieder unterwegs.
The lynx. Very uncommon, rarely seen and yet underway again in our region.

Mit etwas Glück trifft man in den Bergen fallweise auch Musiker an.
Wie hier „D'Schütznmusi" beim Naturfreundehaus am Ebenseer Hochkogel. Im Hintergrund der Grünberg im Toten Gebirge.
With a little luck one even encounters musicians in the mountains now and again, as "D'Schütznmusi" here at the Naturfreundehaus on the Ebensee Hochkogel. In the background is the Grünberg in the Totes Gebirge range.

Der Türkenbund.
The Turk's cap lily.

Ein Hochmoor in der Nähe des Möselhorns im Toten Gebirge, unweit der Schutzhütte am Ebenseer Hochkogel.
A high moor near the Möselhorn in the Totes Gebirge, not far from the alpine hut on the Ebensee Hochkogel.

Selbst auf kargen Felsen gibt es Vegetation.
There is even vegetation on barren rocks.

Wir sind wieder im Höllengebirge angekommen. Blick vom Alberfeldkogel (1.707 Meter) am Feuerkogelplateau Richtung Gmunden.
We have returned to the Höllengebirge range. View from the Alberfeldkogel (1,707 metres) on the Feuerkogel plateau towards Gmunden.

Gleicher Standort mit Blick hinunter zum Vorderen Langbathsee, im Hintergrund der Attersee und links der Brunnkogel.
Same location with a view of the Lake Vordere Langbathsee from above, in the background Lake Attersee and left the Brunnkogel.

Blick vom Feuerkogelplateau über den Eibenberg zum Großen Priel. Dieser Berg ist mit 2.515 Metern die höchste Erhebung im Toten Gebirge.
View from the Feuerkogel plateau over the Eibenberg to the Grosser Priel. At 2,515 metres this is the highest mountain in the Totes Gebirge range.

Die „Kolleralm" am Feuerkogel (früher Kranabethsattel) ist eine von drei sich auf diesem Hochplateau befindlichen Almen.
The "Kolleralm" on the Feuerkogel (formerly Kranabethsattel) is one of three alpine huts located on this high plateau.

Ein „Almpolster"
An "Alpine cushion"

Der Schmetterling und die Fliege.
The butterfly and the fly.

Das Kohlröschen (Kohlröserl) ist bei Bergsteigern eine sehr beliebte Orchideenart, welche nach Vanille duftet.
Nigritella (Kohlröserl) is a very popular species of orchid among mountain climbers and smells like vanilla.

Viele Jahrtausende benötigte das Wasser, um durch chemische Prozesse dieses Kalksteinfelsenbild entstehen zu lassen.
It took the water many thousands of years of chemical processes to create this beautiful limestone cliff.

Blick vom Brunnkogel (1.708 Meter) im Höllengebirge über die Schafalm (verfallen/aufgelassen) hinunter zum Vorderen Langbathsee sowie zum Hinteren und Vorderen Signalkogel (links).
View from the Brunnkogel (1,708 metres) in the Höllengebirge range over the Schafalm (derelict/ abandoned) down to Vordere Langbathsee and the Hintere and Vordere Signalkogel (left).

Abstieg vom Brunnkogel über den Schafluckensteig mit Blick auf den Hinteren Langbathsee.
Descent from the Brunnkogel over the Schafluckensteig path with a view of the Hintere Langbathsee.

Blick vom Vorderen Signalkogel zum Vorderen Langbathsee bei Ebensee.
View from the Vordere Signalkogel to the Vordere Langbathsee near Ebensee.

Auf dem Weg vom Ebenseer zum Traunkirchner Sonnstein mit Blick auf Ebensee.
On the path from the Ebensee to the Traunkirchen Sonnstein with a view of Ebensee.

Wanderreiten in den Bergen. Ein besonderes Erlebnis. Auf dem Höllengebirgs-Panoramareitweg zu den Langbathseen.
Trail riding in the mountains. A special experience. On the Höllengebirge panoramic riding path to the Langbathsee lakes.

Blick vom Grasberg hinunter auf Traunkirchen und die dahinterliegende Bergwelt.
View from the Grasberg down onto Traunkirchen and the mountain world located behind it.

Abend am Gmundnerberg bei Altmünster mit Blick auf Gmunden (links beginnend), Grünberg, Katzenstein, Traunstein, Totes Gebirge, Kleiner Schönberg, Erlakogel und Eibenberg.
Evening on the Gmundnerberg near Altmünster with a view of Gmunden (starting on the left), Grünberg, Katzenstein, Traunstein, Totes Gebirge, Kleiner Schönberg, Erlakogel and Eibenberg.

Abendstimmung am Feuerkogel mit Blick auf den Alberfeldkogel. Rechts ist der Attersee zu sehen. | *Evening mood on the Feuerkogel with a view of the Alberfeldkogel. Lake Attersee can be seen on the right.*

Der Eisenhut in der Abendsonne ist zwar sehr schön anzusehen, jedoch auch giftig.
The monkshood in the sunset is indeed quite beautiful to look at but poisonous.

Das Kriegsheimkehrerkreuz am Ebenseer Sonnstein in der Abendsonne.
The cross to the returning veterans of war in the sunset on the Ebensee Sonnstein.

Der Vollmond neben dem Wehrkogel im Toten Gebirge.
The full moon next to the Wehrkogel in the Totes Gebirge range.

Der Uhu ist die größte Eulenart und in unseren Bergen beheimatet.
The eagle owl is the largest species of owl and resides in our mountains.

Blick durch das Teleobjektiv der Kamera vom Feuerkogel hinunter auf (von links) die Villa Toscana, Schloss Ort, die Esplanade und das Stadtzentrum Gmundens.
View through the camera's telephoto lens from the Feuerkogel down (from left to right) onto the Villa Toscana, Ort Castle, the esplanade and the Gmunden city centre.

lick vom Kalvarienberg hinunter auf Ebensee.
'iew from the Calvary down onto Ebensee.

Der Badestrand am Südufer des Traunsees n Rindbach (ein Ortsteil Ebensees) mit Blick Richtung Norden (Gmunden).
The swimming beach on the south bank of Lake Traunsee in Rindbach (a district of Ebensee) with a view towards the north (Gmunden).

Auch Trendsportarten haben und hatten am Traunsee immer ihren Platz.
There is and has always been a place on Lake Traunsee for trend sports.

August: der Kaiserzug ist unterwegs nach Bad Ischl.
August: the imperial train is on its way back to Bad Ischl.

Einer der vielen öffentlichen Badeplätze am Traunsee. Die sogenannte „Bräuwiese" in Traunkirchen.
One of the many public swimming areas on Lake Traunsee: the "Bräuwiese" in Traunkirchen.

Das Löwendenkmal zwischen Ebensee und Traunkirchen aus dem Jahre 1861, errichtet anlässlich der Fertigstellung dieser damals als „Kunststraße" bezeichneten Straßenverbindung dieser beiden Orte. Bis zu diesem Zeitpunkt war Ebensee von Norden her nur mittels Schiff oder den Weg über die Berge erreichbar.

Am 23. September 1963 wurde das Denkmal bei einem Terroranschlag gesprengt und schwer beschädigt. In den folgenden Jahren wurde es wieder aufgebaut. Der Mythos der fehlenden Zunge des Löwen, wie viele Menschen im Salzkammergut glauben, entspricht nicht den Tatsachen, wie sich bei den Restaurierungsarbeiten im Jahre 2010 herausstellte.

The lion monument erected between Ebensee and Traunkirchen in the year 1861 on the occasion of the completion of the road connection between these two towns, which was called the "art road" at the time. Until that time, it was only possible to reach Ebensee from the north by ship or the trail over the mountains.

On 23 September 1963 this monument was blown up in a terrorist attack and severely damaged. In the following years the lion monument was rebuilt. The myth of the lion's missing tongue, which many people in Salzkammergut believe in, is not based on the facts that emerged during the restoration works in the year 2010.

Das Löwendenkmal zwischen Ebensee und Traunkirchen.
The lion monument between Ebensee and Traunkirchen.

Die unter dem Löwendenkmal angebrachte Bronzetafel.
The bronze plaque affixed below the lion monument.

Ein Blickfang am Ufer des Sees.
An eye catcher on the banks of the lake.

Ein einfach beruhigender Anblick am Wegesrand.
A simply calming sight by the wayside.

Der mehrere hundert Meter lange Miesweg in Gmunden, 1878 am Ostufer unterhalb des Traunsteins erbaut. | *The several hundred metre long Miesweg route in Gmunden, built in 1878 on the eastern banks at the base of the Traunstein.*

Das Farbenspiel von der gelben Gemswurz zur roten Dahlie.
The display of colours from the yellow leopard's bane to the red dahlia.

Blick auf das Zentrum von Gmunden mit dem Raddampfer Gisela.
View of the centre of Gmunden with the paddle steamer, Gisela.

Das Motorschiff Rudolf Ippisch vor dem Schloss Ort. Dahinter der Grasberg. Ganz hinten ein Teil des Höllengebirges mit dem Brunnkogel (von links), dem Hochleckenkogel und der Griesalm im Atterseegebiet, wo mit „scharfem Blick" auch das Hochleckenhaus zu sehen ist.
The motor ship Rudolf Ippisch in front of Ort Castle. Behind this the Grasberg. All the way behind is part of the Höllengebirge range with the Brunnkogel (from left), the Hochleckenkogel and the "Griesalm" in the Lake Attersee area, where a keen eye can also spot the Hochleckenhaus.

DER KROTTENSEE IN GMUNDEN
LAKE KROTTENSEE IN GMUNDEN

Gmunden besitzt ein österreichweit einzigartiges Naturjuwel aus der letzten Eiszeit mit besonderer biologischer und geologischer Bedeutung, den Krottensee.

In seiner Mitte liegt eine nicht zugängliche Moorinsel. Diese schwimmende Insel besteht aus verfallenen und lebenden pflanzlichen Organismen – nun ein einmaliger Lebensraum für Tiere und Pflanzen. So wachsen hier eine fleischfressende Pflanze – der Sonnentau – und eine Zuchtform des Rhododendrons. Im See leben Fische, Insektenlarven und Weichtiere. Im umgebenden Flachmoor-Wald wachsen seltene Bäume und Pflanzen.

Im Jahr 2005 wurde der Krottensee als „geschützter Landschaftsteil" von der OÖ. Landesregierung unter Schutz gestellt.

Gmunden has an Austrian-wide unique natural jewel from the last ice age of special biological and geological significance, Lake Krottensee.

In its centre is an inaccessible floating moor. This island consists of decaying and living plant organisms – a unique habitat for plants and animals. A carnivorous plant – the sundew – grows here as well as a breed of rhododendron. Fish, insect larvae and molluscs live in the lake. Rare trees and plants grow in the surrounding low moor forest.

In the year 2005 Lake Krottensee was placed under protection by the Upper Austrian Regional Government as a "protected landscape element".

Die Seerosen, typische Teichpflanzen.
Water lilies, typical pond plants.

Es gibt tausende Arten von Libellen. Einige dieser Arten sind am Krottensee zu beobachten.
There are thousands of species of dragonfly. Some of them can be admired at Lake Krottensee.

Der Frosch, einer der vielen Teichbewohner des Krottensees.
The frog, one of Lake Krottensee's many pond dwellers.

Der Sommertriebwagen GM 100 der Gmundner Straßenbahn aus dem Jahre 1898 ist noch immer während der Sommermonate bei Sonderfahrten und zu bestimmten Zeiten im Einsatz. Die Gmundner Straßenbahn wurde am 13. August 1894 eröffnet und gilt als eine der kürzesten und mit 10% maximaler Steigung als eine der steilsten Straßenbahnen der Welt.
The GM 100 summer railcar of the Gmunden tram from 1898 is still in use for special journeys at certain times during the summer months. The Gmunden tram was opened on 13 August 1894 and is still one of the shortest and – with a maximum incline of 10% – one of the world's steepest trams.

Der Salzträgerbrunnen am Rinnholzplatz in Gmunden ist der einzige Keramikbrunnen Österreichs und erinnert an die Zeit, als das im inneren Salzkammergut erzeugte Salz mit Schiffen über den Traunsee nach Gmunden gebracht und dort für den Weitertransport auf kleinere Schiffe verladen wurde, um es auf der Traun weiter Richtung Donau zu transportieren.
The salt bearer fountain at Rinnholzplatz in Gmunden is Austria's only ceramic fountain and reminiscent of the time in the centre of Salzkammergut when salt was brought over the Traunsee to Gmunden by ships, produced and reloaded there onto smaller ships for ongoing transport, in order to transport it on the Traun further towards Donau.

Das Glockenspiel der Keramikstadt Gmunden am Rathausplatz, welches sich in einer Loggia der Rathausfassade befindet und tagsüber im Sommer und in der Adventzeit zu festgelegten Zeiten mit verschiedenen Melodien erklingt. Da sich die Qualität der Gmundner Keramik für die Produktion der Glocken nicht eignete, wurde das „Keramische Glockenspiel" von der berühmten Porzellan-Manufaktur in Meißen hergestellt und mit dem Gmundner Dekor in „grün-geflammt" versehen.
The Ceramic City of Gmunden's glockenspiel at the town hall square, which is located in a loggia of the town hall façade and sounds out different melodies at certain times of the day in the summer and advent season. As the quality of Gmunden ceramics was not suitable for the production of the bells, the "ceramic glockenspiel" was manufactured by the renowned porcelain manufacturer in Meissen and decorated in the "mottled-green" Gmunden pattern.

G
SONDERWAGEN
100

GISELA

Der im Jahre 1872 erstmals am Traunsee eingesetzte Raddampfer „GISELA" war das dritte Dampfschiff, welches seit 1839 den Traunsee befuhr. Das Schiff wurde auf den Namen einer Tochter von Kaiser Franz Joseph I und Kaiserin Elisabeth (Sissi) getauft, in den Jahren 1870/71 in der Rustonwerft in Wien gebaut und nahm im Frühjahr 1872 seinen Dienst am Traunsee auf. Sein damaliger Besitzer war die Familie Ruston aus England, welche seit 1839 am Traunsee nach dem Dampfschiff „Sofie" (benannt nach der Mutter des österreichischen Kaisers Franz Joseph I) und dem Dampfschiff „Elisabeth" (ab 1858 am Traunsee im Einsatz und nach der Gattin des österreichischen Kaisers Franz Joseph I benannt) auch das konkurrenzlose Privileg der gesamten Traunseeschifffahrt besaß. Die „Gisela" ist etwa 52 Meter lang, über den Radkästen der beiden Schaufelräder ca. 9,8 Meter breit und bietet etwa 250 Personen Platz.

The paddle steamer "GISELA" deployed for the first time on Lake Traunsee in the year 1872 was the third steamship to navigate on Lake Traunsee since 1839. The ship was named after a daughter of Emperor Franz Joseph I and Empress Elisabeth (Sissi), built in the Ruston shipyard in Vienna in 1870/71 and went into service on Lake Traunsee in the spring of 1872. Its owner at the time was the Ruston family from England, and like the steamship "Sofie" (named after the mother of Austrian Emperor Franz Joseph I) and the steamship "Elisabeth" (in service from 1858 on Lake Traunsee and named after the spouse of the Austrian Emperor Franz Joseph I) also had the privilege since 1839 of having no competitors in the entire Lake Traunsee shipping industry. The "Gisela" is around 52 metres long, approx. 9.8 metres wide over the wheel cases of the two paddle wheels and offers room for around 250 people.

Der Antrieb des Schiffes erfolgt durch die letzte aktiv in Betrieb befindliche 2-Zylinder oszillierende Verbunddampfmaschine, gefertigt in der Prager Maschinenfabrik.
The ship is powered by the last 2-cylinder oscillating compound steam engine in active operation, manufactured in the Prague engine works.

Unverkennbar und am Traunsee gerne gehört: Das Warnsignal der Dampfpfeife des Raddampfers.
An unmistakable and welcome sound on Lake Traunsee: The warning signal of the paddle steamer's whistle.

Auch viele Bauteile aus England fanden bei den damaligen Traunseedampfern Verwendung.
Many components from England were also used in the Traunsee steamers at the time.

Der Raddampfer GISELA wird im Sommer nach wie vor bei Sonderfahrten und teilweise auch im Linienschiffverkehr bei großen Seerundfahrten eingesetzt.
The paddle steamer GISELA is still used for special trips in the summer and at times also in ferry traffic for major lake cruises.

DER TÖPFERMARKT IN GMUNDEN

Jedes Jahr im August wird die Keramikstadt Gmunden zu einem dreitägigen Mekka der Tonkunst und zu einer Bühne für die europäische Töpfer-Elite. Durch das Einladen von ausgewählten Werkstätten und Gastländern entsteht reger fachlicher, aber auch kultureller Austausch unter den teilnehmenden Töpfern und Besuchern. Begleitend zum Markt wird auch der zeitgenössischen Keramikkunst Raum gegeben.

THE POTTERY MARKET IN GMUNDEN

Every year in August the Ceramic City of Gmunden becomes a three-day Mecca for the clay arts and a stage for the European pottery elite. Inviting select workshops and guest countries gives rise to a lively, technical, yet also cultural exchange among the participating potters and visitors. There is also space at the market allotted to contemporary ceramic art.

Nur wenige Tage um die Sommersonnenwende bleiben Zeit, um die aufgehende Sonne samt einer geeigneten Wolkenstimmung im Bereich des Schlosses Ort in Gmunden festzuhalten.
There are just a few days remaining before the summer solstice, to record the rising sun in the area of Ort Castle in Gmunden with suitably evocative clouds.

GUTEN MORGEN AM TRAUNSEE
GOOD MORNING AT LAKE TRAUNSEE

„Morgenstund' hat Gold im Mund" sagt uns ein altes Sprichwort!

Die Bilder der nun folgenden Seiten werden Ihnen dies bestätigen: die Stimmung am Traunsee, beim facettenreichen Schloss Ort und auch beim Fischfang strahlen Ruhe aus und zeugen von der „Morgenschönheit" und Stille am Lacus Felix!

"The early bird catches the worm", as the old expression tells us!

The images on the pages that now follow will confirm this for you: The atmosphere at Traunsee Lake, the multi-faceted Ort Castle and even while the fishermen are at work radiate tranquillity and bear witness to the "morning loveliness" and stillness at Lacus Felix!

Der Schwan, ein weiteres Wahrzeichen der Stadt Gmunden.
The swan, another emblem of the City of Gmunden.

Gerade schaltet sich in den frühen Morgenstunden die Beleuchtung des Schlosses Ort ein, als im Hintergrund kurz danach der Vollmond hinter dem Gipfel des Brunnkogels untergeht.
The lighting on Ort Castle has just switched on in the early morning hours, as the full moon sets in the background behind Brunnkogel peak soon thereafter.

Jeden Morgen sind Licht und Wolkenstimmungen anders.
The light and drama of the cloud formations are different every morning.

Noch herrscht Ruhe auf der Brücke und vor dem Schloss Ort.
Silence still reigns supreme on the bridge and in front of Ort Castle.

Der Raddampfer „Gisela" liegt ruhig an der Esplanade in Gmunden.
The paddle steamer, "Gisela", quietly berthed at the esplanade in Gmunden.

Die Schlosskapelle mit einem sehr alten Gemälde im Altarbereich.
In dieser Kapelle finden auch Hochzeiten statt, momentan herrscht Ruhe.
The castle chapel with an ancient painting in the altar area.
Weddings are also held in this chapel, at the moment all is still.

Das Uhrwerk im Schlossturm stammt aus dem Jahre 1634, viele „Tageswerke" liegen hinter und hoffentlich noch vor ihm.
The clockwork in the castle tower dates from the year 1634, it has many a "day's work" behind it and hopefully still before of it.

Endlich, die lang erwartete Sonne taucht hinter dem Schloss Ort am Tag der Sonnenwende auf.
Finally, the long awaited sun rises behind Ort Castle on the day of the solstice.

O-10046

Die wenigen Fischer am Traunsee, welche bereits in der Nacht oder in den frühen Morgenstunden am See ihre Netze einholen oder auslegen, haben ein eher hartes Los. Der Fang ist meist gering und ein Leben von diesem „Hobby", im Gegensatz zu früheren Zeiten, ist heute kaum noch möglich. Einige Fischer müssen nach dem Einholen ihrer Netze ihrer normalen Arbeit nachgehen.

Zwei Süßwasserfische sind am Traunsee als besondere Speiseköstlichkeit sehr beliebt. Erstens, der in Österreich nur im Traunsee zu fangende Riedling als „Steckerlfisch" und zweitens, die Reinanke als „Steckerlfisch" oder geräuchert.

Natürlich werden noch viele andere Fischarten im Traunsee gefangen und zu herkömmlichen Fischspezialitäten verkocht.

The few fisherman on Lake Traunsee, who are prepared to unfurl or haul in their nets on the lake during the night or early morning hours, have a hard lot. The catch is usually small and in comparison with the past it is barely possible to still make a living from this "hobby". A few fisherman have to go to their day jobs after hauling in their nets.

Two freshwater fish are quite popular at Traunsee as special delicacies. First, the Riedling, which can only be caught in Austria in the Traunsee, cooked as "fish on a stick" and second the Reinanke is smoked or also prepared as "fish on a stick".

Naturally many other species of fish are also caught in Lake Traunsee and cooked as traditional fish specialties.

Blick in der Abendsonne über den Toscanapark mit der Villa Toscana, dem Land- und Seeschloss Ort, Grünberg und dem Traunstein.
Sunset view of Toscana Park with Villa Toscana, Ort Land and Lake Castle, the Grünberg and Traunstein.

Auf dem Toscanapark-Areal befindet sich seit 2001 in der Kleinen Villa Toscana (ehem. Villa Stonborough-Wittgenstein) das Thomas-Bernhard-Archiv.

Der weltbekannte Schriftsteller hatte seinen Hauptwohnsitz am Traunsee (Ohlsdorf bei Gmunden). Im Thomas-Bernhard-Archiv (die Villa gehört heute dem Land OÖ.) werden seine literarischen Nachlässe für wissenschaftliche, literarische oder publizistische Zwecke zugänglich gemacht (www.thomasbernhard.at).

Since 2001, the Thomas Bernhard Archive has been located in the Toscana Park area in the Kleine Villa Toscana (formerly Villa Stonborough-Wittgenstein).

The world renowned author had his main place of residence at Lake Traunsee (Ohlsdorf near Gmunden). The Thomas Bernhard Archive (the Villa now belongs to the State of Upper Austria) makes his literary legacy accessible for academic, literary or publishing purposes (www.thomasbernhard.at).

GUTEN ABEND AM TRAUNSEE

GOOD EVENING AT LAKE TRAUNSEE

Der Tag neigt sich dem Ende zu, der noch „wache“ Mitmensch wird mit einzigartigen Abendstimmungen und Lichtspielen elohnt.

Einzigartiger „Traumsee“!

Lassen Sie sich von Ausstrahlung, Anmut und Schönheit gefangen nehmen ...

The day is drawing to a close; anyone who is still “awake” is awarded with a unique evening atmosphere and light show.

The one of a kind “dream lake”!

Be captivated by its radiance, elegance and beauty...

Schloss Ort und links dahinter das Schloss Freisitz Roith. Dieses Gut gehört zu einer der ältesten Liegenschaften rund um den Traunsee, wurde bereits 1550 erstmals urkundlich erwähnt und beherbergt heute einen Hotelbetrieb mit ausgezeichneter Gastronomie.

Ort Castle and Freisitz Roith Castle to the left behind it. This estate is one of the oldest properties around Lake Traunsee, it was documented for the first time in 1550 and today houses the hotel “Schlosshotel Freisitz Roith” with its excellent restaurant.

Abendstimmungen am Traunsee. | *Evening ambience at Lake Traunsee.*

Die Esplanade der Stadt Gmunden, vom Schloss Ort (links) bis zum Stadtplatz und Trauntor (rechts).
The esplanade of the city of Gmunden, from Ort Castle Ort (left) to the town hall square and Trauntor (right).

DAS SCHLOSS TRAUNSEE (EHEM. SCHLOSS WÜRTTEMBERG) IN ALTMÜNSTER
TRAUNSEE CASTLE (FORMERLY WÜRTTEMBERG CASTLE) IN ALTMÜNSTER

Erbaut 1872 – 1875 von Herzog Philipp von Württemberg als Sommervilla für seine Gemahlin. Regelmäßiger Sommeraufenthalt der Herzogsfamilie bis zum Anfang des 20. Jahrhunderts. In den Kriegsjahren zweckentfremdete Verwendung als Flüchtlingslager und Lazarett. 1946 Verpachtung des Besitzes an das Bundesministerium für Unterricht und Einrichtung einer Internatsschule. 1969 Kauf von Schloss und Park durch die Republik Österreich und Ausbau der Schule. 1995 wurde das Schloss feierlich eröffnet, nachdem es in seinen ursprünglichen Zustand versetzt und renoviert wurde.

Das Schloss beheimatet heute mit dem BRG/BORG Schloss Traunsee ein wirtschaftskundliches Realgymnasium mit Betriebspraktikum und ein ORG mit naturwissenschaftlichem Schwerpunkt, der Schule ist ein Internat angeschlossen.

Zunehmend etabliert sich die Immobilie auch als romantischer Hochzeitsort.

Built in 1872 – 1875 by Duke Philipp von Württemberg as a summer villa for his spouse. Regular summer stays by the Duke's family until the early 20th Century. During the wartime years repurposed as a refugee camp and a military hospital. In 1946 the property was leased as a boarding school to the Federal Ministry for Education, the Arts and Culture. Purchase of the castle and park in 1969 by the Republic of Austria and expansion of the school. In 1995 the castle celebrated its grand opening after being renovated to its original condition.

Today the castle together with BRG/BORG Traunsee Castle houses a secondary school focused on economics [wirtschaftskundliche Realgymnasium] with industrial work placements and an ORG secondary school with a focus on the natural sciences. The school is associated with a boarding school.

The property is also increasingly establishing itself as a romantic wedding destination.

Der Vollmond taucht in der so genannten „blauen Stunde" hinter dem Traunsteinmassiv auf.
The full moon rises behind the Traunstein during the "twilight hour".

Ruhig liegt die sagenumwobene Insel mit dem Schloss Ort im Traunsee.
All is quiet on the island shrouded in legend with Ort Castle on Lake Traunsee.

Schloss Traunsee, ehemals Schloss Württemberg, in Altmünster. | *Traunsee Castle, formerly Württemberg Castle, in Altmünster.*

Das Zentrum Ebensees in der Abendsonne.
The centre of Ebensee in the setting sun.

Blick vom Kalvarienberg auf den südlichsten Ort des Traunsees, Ebensee.
Im Hintergrund (von rechts) Spitzlstein, Erlakogel, Rötelstein, Gmundner Hochkogel, Hochlindach, Katzenstein und Traunstein.
View from the Kalvarienberg of the southernmost town of Traunsee Lake, Ebensee.
In the background (from right to left) the Spitzlstein, Erlakogel, Rötelstein, Gmunden Hochkogel, Hochlindach, Katzenstein and the Traunstein.

Das erste große Feuerwerk im Sommer am Traunsee findet in Ebensee im Rahmen des sogenannten „Bergmannsabend" statt.
Das zweite Seefest wird unter dem bezeichnenden Titel „Der Traunstoan leucht'!" in Altmünster gefeiert (Bild rechts unten).
The first major fireworks in the summer at Lake Traunsee are held in Ebensee in the framework of the "miner's evening".
The second lake festival is celebrated in Altmünster with the descriptive title of "Der Traunstoan leucht'!" ["The Traunstein is illuminated!"] (image below right).

FEUERWERKE – FARBENPRACHT AM NACHTHIMMEL

FIREWORKS – BLAZE OF COLOUR IN THE NIGHT SKY

Zu allen Zeiten haben Blitz und Donner die Menschen zutiefst beeindruckt. Der Eindruck war aber ambivalent, denn Blitz und Donner waren einerseits Faszinosum, andererseits aber tödliche Gefahr.

Die Chinesen haben es aber schon im späteren 14. Jahrhundert geschafft, dem Faszinosum die Gefahr weitgehend zu nehmen. Sie haben Blitz und Donner durch die Herstellung von Feuerwerkskörpern aus Schwarzpulver unabhängig von atmosphärischen Gegebenheiten gemacht.

Und so erfreuen heute farbenprächtige Feuerwerke die Besucher des Salzkammergutes, die sich an den bunten Bildern gar nicht satt sehen können. Und diese „Gewitter" braucht niemand zu fürchten.

All through time lightening and thunder have deeply impressed people. Yet, the impression was ambivalent, as lighting and thunder were a fascination on one hand but deadly threat on the other.

In the late 14th Century, however, the Chinese managed to largely take the risk out of the fascination. They made lightening and thunder independent from atmospheric conditions by manufacturing fireworks from gunpowder.

Thus today richly coloured fireworks delight visitors to Salzkammergut, who can never get enough of the colourful images...and no one needs to be afraid of this "thunderstorm".

Die seit Jahrzehnten beliebte Märchennacht in Traunkirchen. Die Häuser in der Bucht von Winkl sind märchenhaft beleuchtet. Ebenso das Gipfelkreuz des Traunkirchner Sonnsteins. Hier der Blick vom Kleinen Schönberg hinunter auf Traunkirchen. Links liegt das beleuchtete Ebensee. Viele Schiffe begleiten am See die einzelnen Feuerwerke entlang des Ufers.
The fairy tale evening in Traunkirchen has been popular for decades. The houses in Winkl bay are magically illuminated, as is the Traunkirchen Sonnstein summit cross. Here the view from the Kleiner Schönberg down onto Traunkirchen. Left is the illuminated Ebensee. Many ships on the lake accompany the individual fireworks along the banks.

Blick vom Kleinen Schönberg gegenüber von Traunkirchen auf das Hauptfeuerwerk. Dieses Feuerwerk wird am Wasser vor dem Ortszentrum, unmittelbar vor der Klosterkirche, abgebrannt.
View of the main fireworks from the Kleiner Schönberg across from Traunkirchen. These fireworks are launched from the lake in front of the town centre, directly in front of the monastery church.

Von einem Schiff am See aus sind die Feuerwerke mit der märchenhaften Kulisse vom Ortsteil Winkl besonders schön zu sehen.
The fireworks are particularly beautiful to watch from a ship on the lake set against the fairy tale backdrop of the district of Winkl.

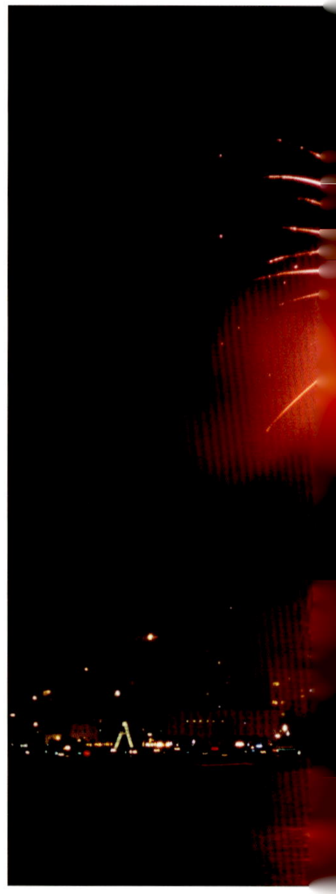

Den Abschluß der Großfeuerwerke im Sommer am Traunsee bildet jenes im Zuge des Gmundner Lichterfestes. Dabei verschmelzen bei einem Klangfeuerwerk Musik und Pyrotechnik zu einer künstlerischen Einheit.
The end of the major summer fireworks display at Lake Traunsee forms part of the Gmunden Festival of Light. Music and pyrotechnics merge with acoustic fireworks into a creative whole.

Blick vom Traunkirchner Sonnstein auf das Zentrum von Traunkirchen, Gmunden, den Grünberg sowie Traunstein und Katzenstein.
View from the Traunkirchen Sonnstein of the centre of Traunkirchen, Gmunden, the Grünberg as well as the Traunstein and Katzenstein.

DER HERBST RUND UM DEN TRAUNSEE
AUTUMN AROUND LAKE TRAUNSEE

Den Herbst leiten wir mit einem Gedicht aus der Feder des deuschen Lyrikers Friedrich Hebbel (1813 – 1863) ein, der von 1855 bis 1863 jeden Sommer in Gmunden weilte und arbeitete. Hebbel war am Traunsee auch Hausbesitzer und bis heute trägt eine Straße in Gmunden seinen Namen.

Herbstbild
Dies ist ein Herbsttag, wie ich keinen sah!
Die Luft ist still, als atmete man kaum,
Und dennoch fallen raschelnd, fern und nah,
Die schönsten Früchte ab von jedem Baum.

O stört sie nicht, die Feier der Natur!
Dies ist die Lese, die sie selber hält,
Denn heute löst sich von den Zweigen nur,
Was vor dem milden Strahl der Sonne fällt.

We introduce autumn with a poem from the pen of German poet Friedrich Hebbel (1813 – 1863), who lived and worked every summer in Gmunden from 1855 to 1863. Hebbel was also a homeowner at Lake Traunsee and a street in Gmunden still bears his name.

Autumn image
This is an autumn day like none I have ever seen!
The air is motionless, as if one were barely breathing,
and nevertheless, near and far,
the prettiest fruits fall rustling from every tree.

O do not interfere with Nature's celebration!
This is the harvest she harvests herself,
for today the only things loosened from the branches
is what falls from the gentle touch of the sun's rays.

Traunkirchen
Traunkirchen

Trendsportmöglichkeiten auch am Wasser bis tief in den Herbst hinein …
Trend sports are still possible on the water until late into the autumn …

Der Tag des Almabtriebes von der einstigen vorderen Gimbachalm bei Ebensee.
The ceremonial day of driving the cattle down from the mountain pastures into the valleys from the erstwhile Vordere Gimbachalm near Ebensee.

Vor dem Trieb ins Tal werden den vielen Helfern die in der Traunseeregion sehr beliebten und von den früheren Holzknechten als Hauptspeise (mit Sauerkraut oder Apfelmus) gegessenen „Holzknechtnocken" serviert.
Before the cattle driving into the valley many helpers are served "woodcutter's dumplings" which are very popular in the Traunsee region and were formerly eaten by woodcutters as a main course (with sauerkraut or apple sauce).

Das saftige Grün der Almen geht langsam zu Ende. | *The lush green of the mountain pastures has nearly come to an end.*

Ist im Sommer keines der Almtiere verunglückt, werden die Tiere „aufgekranzt". An die beim Almabtrieb zusehenden Menschen werden sogenannte „Büscherl" (gebunden aus selbst gesammelten Gebirgsgewächsen und teilweise mit Farbe verziert) verteilt.
If none of the alpine animals are injured in the summer the animals are "aufgekranzt" [decorated with bunches of alpine plants, flowers, ribbons etc.]. People who have watched the cattle being driven down the mountain are given "Büscherl" (bound bouquets of personally gathered mountain plants, sometimes painted).

Blick vom Hochkogel zum Grünberg im Toten Gebirge.
View from the Hochkogel of the Grünberg into the Totes Gebirge range.

Blick vom 2.093 Meter hohen Schönberg (Wildenkogel) im Toten Gebirge zum Gipfel des Dachsteins (2.995 Meter), dessen vorgelagerter Gletscher einst als sogenannter Traungletscher das gesamte Traunseegebiet bedeckte (die würm-eiszeitliche Endmoräne dieses Gletschers formte die Nordhänge Gmundens).
View from the 2,093 metre Schönberg (Wildenkogel) in the Totes Gebirge of the Dachstein peak (2,995 metres). The nearby "Traun Glacier" once covered the whole Traunsee region (the Würmian ice age terminal moraine of this glacier formed Gmunden's northern slopes).

Blick vom 1.575 Meter hohen Erlakogel hinunter auf Traunkirchen, Rötelstein, Farnaugupf, Großer und Kleiner Sonnstein, das Höllengebirge mit dem Brunnkogel, Feuerkogel und dem darunterliegenden Ort Ebensee mit dem Langbathtal (Bild von rechts nach links).
View from the 1,575 metre Erlakogel down onto Traunkirchen, the Rötelstein, Farnaugupf, Grosser and Kleiner Sonnstein, the Höllengebirge range with the Brunnkogel, Feuerkogel and the town of Ebensee below with the Langbathtal valley (Photo from right to left).

Der schöne, aber giftige Fliegenpilz.
The beautiful but poisonous fly agaric.

Der Herbst ist auch die Zeit der Hirschbrunft.
Autumn is also the time when the stags rut.

Die Silber- oder Wetterdistel.
The silver or carline thistle.

Wärmende Sonnenstrahlen durchbrechen den Herbstnebel im Wald.
Warming rays of the sun break through the autumn fog in the forest.

Das durch den Morgentau besonders gut zu sehende Spinnennetz.
The spider's web, particularly visible in the morning dew.

Der wunderschön gezeichnete Feuersalamander im Herbstwald.
The wonderful markings of a fire salamander in the autumn forest.

Das herbstliche Farbenspiel wird immer bunter.
The autumnal play of colour grows increasingly vivid.

Jetzt finden auch die letzten Segelregatten am Traunsee statt.
The final sailing regattas are now also being held on Lake Traunsee.

Die Sonne durchbricht nur zaghaft den Nebel über Traunkirchen.
The sun only timidly breaks through the fog above Traunkirchen.

Der Traunsee und seine Tierwelt zeigen sich von der ruhigen Seite.
Lake Traunsee and its animal world show their quiet side.

Das Farbenspiel ist überall in vollem Gange.
The play of colours is in full swing everywhere.

'unt gefärbte Bäume umrahmen den malerischen Kalvarienberg in Ebensee. | *Vividly coloured trees frame the picturesque Calvary in Ebensee.*

Blick von der Bräuwiese in Traunkirchen zum Traunstein.
View of the Traunstein from the "Bräuwiese" in Traunkirchen.

Stimmung nach einer gemütlichen Herbstwanderung vom Grünberg zum Laudachsee.
The atmosphere after a cosy autumn hike from the Grünberg to Lake Laudachsee.

Am Offensee bei Ebensee.
On Lake Offensee near Ebensee.

Der Offensee bei Ebensee ist ein in idyllischer Landschaft gelegener Bergsee am Fuße des Toten Gebirges, Natur pur sozusagen.
Offensee near Ebensee is a mountain lake situated in an idyllic landscape at the foot of the Totes Gebirge range, pure nature, as it were.

Fischer am Offensee. Es gibt Herbststimmungen, wo selbst auf einem Farbbild außer schwarz und weiß keine anderen Farben deutlich zu erkennen sind.
Fishermen on Lake Offensee. It is indeed autumn when even a colour photo shows no other clearly distinguishable colours but black and white.

Eine morgendliche Föhnstimmung im Toten Gebirge (Hochkogel).
A morning foehn wind ambience in the Totes Gebirge range (Hochkogel).

Blick vom Feuerkogel hinüber zum gerade noch aus dem Nebel ragenden Erlakogel.
View from the Feuerkogel over to the Erlakogel still protruding through the fog.

Blick vom Alberfeldkogel in der Nähe des Feuerkogels (Höllengebirge) hinaus aufs weite, großteils mit Nebel bedeckte Land. Links unten der Vordere Langbathsee, rechts hinten der Traunstein.

View from the Alberfeldkogel near the Feuerkogel (Höllengebirge) out into the country still largely covered with fog. Left and below the Vordere Langbathsee lake, right to the rear the Traunstein.

ßlick vom Feuerkogel zum Alberfeld-
kogel: Nebel steigt auf.
View from the Feuerkogel of the
Alberfeldkogel: The fog is rising.

Dem Nebel entstiegen ...
Rising up through the fog ...

Anstieg zum Großen Sonnstein in Ebensee mit Blick auf den Traunstein und Katzenstein.
Ascent to the Grosser Sonnstein in Ebensee with a view of the Traunstein and the Katzenstein.

Blick vom Weißhorn (1.755 Meter) im Toten Gebirge hinunter auf den Offensee (Mitte), den Eibenberg (1.598 Meter), rechts davon der Erlakogel (1.575 Meter), dahinter rechts der Traunstein (1.691 Meter), sowie links vom Eibenberg/Seeberg das Höllengebirge mit dem Feuerkogel (1.592 Meter).
View from the Weisshorn (1,755 metres) in the Totes Gebirge range down onto Lake Offensee (centre), the Eibenberg (1,598 metres), right of this the Erlakogel (1,575 metres), behind this to the right is the Traunstein (1,691 metres), and left from the Eibenberg/Seeberg is the Höllengebirge range with the Feuerkogel (1,592 metres).

Ausblick vom Erlakogel.
View from the Erlakogel.

Der Blick vom Erlakogel auf den Grünberg bei Gmunden, den Traunstein und den Katzenstein.
View from the Erlakogel of the Grünberg near Gmunden, the Traunstein and the Katzenstein.

Blick von der Spitzlsteinalm in Ebensee Richtung Bad Ischl und der Katrin.
View from the Spitzlsteinalm in Ebensee towards Bad Ischl and the Katrin.

Langsam erobert der Winter die Gipfel der Berge. Blick vom Erlakogel hinunter auf die Sonnsteine (links), den Rötelstein und Traunkirchen (rechts).
Winter slowly conquers the mountain peaks. View from the Erlakogel down onto the Sonnsteins (left), the Rötelstein and Traunkirchen (right).

Blick vom Eibenberg hinunter zum Offensee und dem dahinterliegenden Toten Gebirge.
View from the Eibenberg down onto Lake Offensee and the Totes Gebirge range behind it.

Die Johanniskapelle in Traunkirchen mit dem dahinterliegenden Traunstein.
The St. John's Chapel in Traunkirchen set against the Traunstein backdrop.

Die dauerhafte Kälte ist nicht aufzuhalten, erfasst auch ganz langsam das Mittelgebirge und in weiterer Folge auch die Täler des Traunseegebietes.
The lasting cold is unstoppable. It also begins to slowly grip the highlands and then the valleys of the Lake Traunsee region.

Die tiefstehende Sonne leuchtet durch den Hochnebel auf den bereits teilweise zugefrorenen Offensee.
The setting sun shines through the high fog onto the already partially frozen Lake Offensee.

Der drei Etagen umfassende Bergfriedhof in Ebensee.
The three-level mountain cemetery in Ebensee.

ALLERHEILIGEN – ALLERSEELEN – MEMENTO MORI

ALL SAINT'S DAY – ALL SOUL'S DAY – MEMENTO MORI

Wir werden nicht gerne daran erinnert, dass es im Leben nur eine 100% sichere Sache gibt: Ausnahmslos jeder, ausnahmslos jede von uns stirbt! Der Herbst erinnert uns durch das Vergehen fast all dessen, was der Frühling hervorgebracht hatte, daran eigentlich recht sanft!

Viel weniger sanft tun es die beiden katholischen Festtage Allerheiligen und Allerseelen oder auch jeder Todesfall eines uns nahestehenden Menschen. Besonders letzteres erinnert uns recht nahegehend an die eigene Endlichkeit.

We are none too pleased to be reminded that there is only one thing in life that is 100% certain: everyone of us without exception is going to die…all of us! When nearly everything dies away that was created in the spring, autumn reminds us of this – but actually quite gently!

The two Catholic holidays of All Saint's Day and All Soul's Day remind of this much less gently, as does each death of a person close to us. Particularly the latter reminds us quite distressingly of our own impermanence.

Der Ortsfriedhof von Traunkirchen.
The Traunkirchen municipal cemetery.

Am 31. Juli 1910, am späten Nachmittag, wagten 19 Personen einer Hochzeitsgesellschaft in einer Plätte, die nur für 12 Personen Platz bot, die Überfahrt vom Gasthaus „Hois´n" nach Traunkirchen. Ein Unwetter brach herein und der am Traunsee gefürchtete Viechtauerwind brachte, nachdem bei der Plätte auch noch die Ruderhalterungen gebrochen waren, das Boot etwa 400 Meter vor dem rettenden Ufer zum Kentern. 15 junge Frauen und Männer aus Traunkirchen und Altmünster kamen in den tobenden Fluten ums Leben.

Viele Menschen kamen auch vor dem Bau der Pfarrkirche in Ebensee (1729) bei Schiffskatastrophen auf der Fahrt von Ebensee zur Kirche in Traunkirchen und wieder zurück, ums Leben. Eine Straßenverbindung zwischen Ebensee und Traunkirchen gibt es ja bekanntlich erst seit 1861.

In the late afternoon of 31 July 1910, a wedding party of 19 people hazarded a crossing from the "Hois'n" inn to Traunkirchen in a plätte flat-boat that only had room for 12 people. A storm broke out and brought with it the Viechtau winds feared on Lake Traunsee. After the rudder mounts had also broken on the plätte, the boat began to capsize about 400 metres away from the life-saving banks. 15 young men and women from Traunkirchen and Altmünster lost their lives in the raging waters.

Prior to the construction of the parish church (1729) in Ebensee, many people also lost their lives in ship catastrophes on the journey from Ebensee to the church in Traunkirchen and back. A road connection between Ebensee and Traunkirchen has only existed since 1861.

Das Kreuz im See steht im Grenzgebiet zwischen Altmünster und Traunkirchen.
Es erinnert an eines der vielen Schiffsunglücke der früheren Zeit.
The cross in the lake is in the border area between Altmünster and Traunkirchen.
It is a memorial to the many shipwrecks of the past.

Fichtenkreuzschnabel
The crossbill

DER VOGELFANG – TRADITION UND LEIDENSCHAFT

BIRD CATCHING – TRADITION AND PASSION

Eine Spezialität des Salzkammergutes ist das Brauchtum des Vogelfangs, das sich über Jahrhunderte entwickelt hat.

Von 15. September bis 30. November gehen etwa 500 Männer „auf die Pirsch", um je ein Männchen von Fichtenkreuzschnabel, Gimpel, Stieglitz und Erlenzeisig zu fangen. Ziel ist es, die schönsten jeder Art bei einer Vereinsausstellung am Sonntag nach „Kathrein" zu ermitteln.

Der Vogelfang ist übrigens streng reglementiert. Jeder Vogelfänger muss Mitglied eines Vereines sein und braucht für den Fang zwei Bewilligungen: erstens die des Besitzers, auf dessen Grund er die Vögel fängt und zweitens die der zuständigen Bezirkshauptmannschaft.

Seit 2010 ist dieses Brauchtum im UNESCO-Verzeichnis für immaterielles Kulturerbe in Österreich aufgenommen.

One Salzkammergut specialty is the tradition of bird catching, developed over centuries.

From 15 September to 30 November around 500 men go "on the hunt" to capture one male crossbill, bullfinch, goldfinch and siskin. The goal is to determine the most beautiful of each species at the association's exhibition on the Sunday after "Kathrein".

Incidentally, the bird capture is strictly regulated. Each bird catcher must be a member of an association and needs two permits for the capture: One from the owner, on whose property he catches the birds, and one from the competent district authority.

Since 2010 this tradition has been entered in the UNESCO Inventory for Intangible Cultural Heritage in Austria.

Erlenzeisig
The siskin

Stieglitz (auch Distelfink genannt)
The goldfinch

Gimpel (auch Dompfaff genannt)
The bullfinch

Die Fangplätze der Vogelfänger befinden sich oft hoch in den Bäumen.
The bird catchers often capture their "prey" high up in the treetops.

In kleinen Käfigen dürfen die gefangenen Singvögel nur nach Hause oder zu den zwei Ausstellungen (wenn überhaupt teilnahmeberechtigt wegen der Schönheit der gefangenen Vögel) gebracht werden. Die übrige Zeit und den Winter verbringen die gefiederten Freunde in großen, oftmals eigens gebauten Volieren und großräumigen Holzhütten. Dort haben diese Vögel Bäume, gutes Klima, Flugmöglichkeit, täglich frisches Wasser (das in der Natur oft monatelang eingefroren ist) zum Trinken und Baden, sowie ihre in dieser Zeit in der Natur kaum vorkommende Nahrung (diese wird von den Vogelfängern im Spätherbst aus den Bergen geholt). Zwischen den Vogelfängern und den zum Überwintern gefangenen Singvögeln entsteht so ein wahres Vertrauensverhältnis.

Der „Mythos" der Vogelfänger wird auch von den Schnitzern gerne dargestellt.
The "myth" of the bird catcher is also a popular motif for woodcarvers.

Mancher Vogelliebhaber, welcher nicht zum vorübergehenden Fang bzw. zum Besitz der gefiederten Freunde berechtigt ist, lässt sich einen oder mehrere Vögel schnitzen und erfreut sich an den kleinen hölzernen Kunstwerken.
Some bird lovers, who are not authorised to temporarily capture and/or possess the feathered friends, have one or more birds carved and enjoy the small wooden artworks.

The captured songbirds may only be brought home or to the two exhibitions (if even entitled to participate due to the beauty of the captured birds) in small cages. The feathered friends spend the rest of their time and the winter in large, often specially built aviaries and spacious wooden huts.

There these birds have trees, a good climate, room to fly, daily fresh water to drink and bathe in (which is often frozen for months at a time in nature) as well as nutrition, which is nearly unavailable in nature during this period (this is gathered by the bird catchers on the mountains in late autumn). A genuine relationship of mutual trust is created between the bird catchers and the captured overwintering songbirds.

DER WINTER RUND UM DEN TRAUNSEE
WINTER AROUND LAKE TRAUNSEE

Läuft in der Natur alles „nach Plan", bleibt der Winter mit Schnee und Eis über längere Zeit am Traunsee. Um das Schloss Ort steigt Nebel auf, da der Temperaturunterschied zum Wasser fallweise doch erheblich ist. In den Jahren 1929 und 1963 (immer Februar/Anfang März) war der Traunsee zwischen Gmunden und Ebensee völlig zugefroren und durch die bis zu 80 cm Eisstärke auch für Fahrzeuge befahrbar.

When everything in nature goes "according to plan", the snowy and icy winter stays at Lake Traunsee for long periods. Fog rises around Ort Castle, as the temperature difference to the water is occasionally quite substantial. In the years 1929 and 1963 (always February/early March) Lake Traunsee was frozen solid between Gmunden and Ebensee and vehicles could even drive on its up to 80 cm thick ice.

Der Sonderwagen der Gmundner Straßenbahn (Baujahr 1911) ist in der kalten Jahreszeit bei Sonderfahrten zu besonderen Anlässen in Betrieb. Dazu zählen Fahrten in der Weihnachtszeit, im Fasching und anderen Veranstaltungen.
The special car of the Gmunden tram (year of manufacture 1911) is in operation during the cold season for special trips on special occasions. There are also trips during Christmastime, carnival and other events.

Der Schloss-Ort-Innenhof. Aufgenommen vom Schlossturm, mit Blick auf Gmunden.
The inner courtyard of Ort Castle. Taken from the castle tower, with a view of Gmunden.

Sonnenuntergang hinter dem Schloss Ort an einem sehr kalten Winterabend.
Sunset behind Ort Castle on a very cold winter evening.

Etwa zur gleichen Zeit wüten fallweise in den Bergen, wie hier am Gipfel des Brunnkogels, extreme Schnee- und Eisstürme, vor welchen man im Tal zum Glück verschont bleibt.
Extreme snow and ice storms occasionally ravage the mountains at around the same time, as here on the peak of the Brunnkogel, which the people in the valley are fortunately spared from.

DIE PFARRKIRCHE VON ALTMÜNSTER
THE ALTMÜNSTER PARISH CHURCH

An jener Stelle, wo sich heute diese Kirche befindet, dürfte sich ursprünglich ein Mönchskloster, welches etwa im 8. Jahrhundert erbaut und 909 in den Schriften als Abtei „Trunseo" bezeichnet wurde, gestanden sein. Dieses Kloster ist dann in den Kriegswirren der nächsten Jahrhunderte zerstört worden. 1473 wurde diese romanische Kirche im gotischen Stil erneuert.

On the site, where the church is now located, a monastery may originally have stood, which was built around the 8th Century and labelled "Trunseo" Abbey in documents in 909. This monastery was then destroyed in later centuries in the chaos of war. In 1473 this Romanesque church was rebuilt in the Gothic style.

Im Bereich des Haupteingangs befindet sich auch der aus Sandstein gefertigt Allerheiligenaltar, ein bedeutendes Kunstwerk spätgotischer Art mit Renaissanceumrahmung aus dem Jahre 1518.
Also located in the vicinity of the main entrance is the All Saint's Altar made of sandstone, an important Late Gothic artwork with a Renaissance frame from the year 1518.

Das Innere der Pfarrkirche Altmünster mit dem Hauptaltar.
The interior of the Altmünster parish church with the main altar.

DER TRAUNSTEIN UND VIER SEINER VERSCHIEDENEN „WINTERGESICHTER"
THE TRAUNSTEIN AND FOUR OF ITS DIFFERENT "WINTER FACES"

Ein traumhaft schöner Wintertag in Ebensee: ganz rechts der Traunstein, daneben der Traunkirchner Sonnstein.
A marvellously beautiful winter's day in Ebensee: directly to the right the Traunstein, next to it the Traunkirchen Sonnstein.

Das Zentrum Traunkirchens.
The centre of Traunkirchen.

Die Johannes Nepomuk Statue neben der Straße zwischen Ebensee und Traunkirchen.
Der Ebenseer Verweser, damals der wichtigste Salzbeamte in Ebensee, Joseph Anton Sydler Edler von Rosenegg stiftete 1710 diese Statue für die Rettung aus Sturmesnot am See.
The Johannes Nepomuk statue next to the road between Ebensee and Traunkirchen.
Ebensee administrator, at the time the most important salt official in Ebensee, Joseph Anton Sydler Edler von Rosenegg, donated this statue in 1710 for his emergency rescue on the lake during a storm.

Blick von Ebensee hinauf zum „weißen Ofen" im Höllengebirge, in dessen Bereich sich auch ein Abschnitt des Kaiserweges vom Feuerkogel zur Vorderen Spitzalm befindet.
View from Ebensee up to the "white oven" in the Höllengebirge range. Nearby there is also a section of the imperial road going from the Feuerkogel to the "Vordere Spitzalm".

Der Erlakogel in Ebensee (auch „Schlafende Griechin" genannt) erstrahlt im weißen Glanze.
The Erlakogel in Ebensee (also called the "Sleeping Greek Girl") bathed in a white radiance.

Der Offensee, zugefroren und mit Schnee bedeckt. Im Hintergrund der Eibenberg, wo im Mittelalter das Kloster Traunkirchen (in dessen Besitz sich Teile dieser Gegend damals befanden) das Eibenholz ernten ließ. Dieses Holz war sehr wertvoll und wurde vorzugsweise zur Herstellung von Bögen benötigt.
Lake Offensee, frozen and covered with snow. In the background is the Eibenberg, where the Traunkirchen monastery had ash harvested in the Middle Ages (it owned parts of this area at the time). This wood was very valuable and particularly preferred in the manufacture of bows.

Zart durchbrechen die Strahlen der untergehenden Sonne die mit Schnee bedeckten Bäume.
The rays of the setting sun shine gently through the snow-covered trees.

Die Abendsonne beleuchtet noch die Ortschaft Rindbach in Ebensee.
The setting sun still illuminates the village of Rindbach in Ebensee.

Der aufgehende Vollmond steht zufällig genau über dem Rötelstein, während die Sonne hinter der Katrin in Bad Ischl untergeht.
The rising full moon is coincidentally precisely above the Rötelstein, while the sun sets behind the Katrin in Bad Ischl.

Die blaue Stunde der Fotografie. Blick vom Kalvarienberg auf Ebensee. Der Vollmond steht bereits über dem Erlakogel. | *"Blue hour" photography. View from the Ebensee Calvary. The full moon is already above the Erlakogel.*

Während der Traunsee an diesem Tag unter einer dicken Nebeldecke liegt, erfreuen sich Wintersportler und auch Erholungssuchende nach der Fahrt mit der Seilbahn von Ebensee hinauf zum Feuerkogel über einen für den Winter „warmen" und sonnigen Tag.
While Lake Traunsee is hidden on this day behind a thick fog, after the cable car trip from Ebensee up to the Feuerkogel, winter sports enthusiasts and people in search of recreation all enjoy what is – for the winter – a "warm" and sunny day.

DIE FEUERKOGEL-SEILBAHN
THE FEUERKOGEL CABLE CAR

Nach zweijähriger Bauzeit konnte am 26. Juni 1927 die Seilschwebebahn auf das Gebirgsplateau des Feuerkogels eröffnet werden. Erbaut wurde diese durch den Ebenseer Ausnahmeunternehmer und Visionär Kommerzialrat Rudolf Ippisch.

Die mittlerweile gründlich modernisierte Bahn bietet einen einzigartigen Panorama-Ausblick und befindet sich heute im Besitz der OÖ Seilbahnholding GmbH, die über ihre Tochter Traunsee Touristik mehrere Touristik-Unternehmen im Salzkammergut betreibt, so am Traunsee auch die Grünberg-Seilbahn und das Veranstaltungszentrum Toscana Congress.

After two years of construction, the aerial cableway on the Feuerkogel mountain plateau was opened on 26 June 1927. This was built by the exceptional and visionary Ebensee businessman, Kommerzialrat Rudolf Ippisch.

The meanwhile thoroughly modernised lift offers unique panoramic views and is now owned by OÖ Seilbahnholding GmbH, which operates several tourism companies in Salzkammergut through its subsidiary company, Traunsee Touristik, including the Grünberg cable car at Lake Traunsee and the Toscana Convention Centre.

Einem schönen Sporttag am Feuerkogel steht nichts mehr im Wege. Auch für Skitourengeher und Schneeschuhwanderer gibt es viele Möglichkeiten. Hier der Blick von der Skipiste auf die „Kranabeth-Hütte" (links), dahinter der Traunstein, rechts das Tote Gebirge.
There is no longer anything standing in the way of a beautiful day of sports on the Feuerkogel. There are also many options for ski touring and snowshoe hikes. Here is a view from the ski slope onto "Kranabeth cottage" (links); behind this is the Traunstein, to the right the Totes Gebirge range.

Der Pistenspaß kann beginnen.
Fun on the slopes can begin.

DIE NOSTALGIE-SCHIGRUPPE VOM FEUERKOGEL
THE NOSTALGIA SKI CLUB FROM THE FEUERKOGEL

Seit Jahren gibt es bereits eine Nostalgie-Schigruppe Feuerkogel. Die Ausrüstung der Mitglieder ist durchwegs 80 bis 100 Jahre alt. Es finden Schi aus Eschenholz Verwendung. Diese werden mit oder ohne Stahlkanten in Einstocktechnik gefahren.

Am Feuerkogel gibt es jedes Jahr ein Nostalgie-Skirennen mit einigen Teilnehmern aus anderen Ländern, wobei diese Rennen in verschiedenen Klassen (mit Stahlkante, ohne Stahlkante ...) ausgetragen werden.

There has been a Nostalgia Ski Club on the Feuerkogel for years. Members' equipment is on average 80 to 100 years old. The skis are made of ash. These are skied on using a single ski pole technique, with or without steel edges.

There is a nostalgia ski race held every year on the Feuerkogel with some participants from other countries, with races divided into different classes (with or without steel edges, etc.).

Winterliche Föhnstimmung am Feuerkogel.
Foehn wind ambience on a winter's evening on the Feuerkogel.

Blick vom Feuerkogelplateau zum Alberfeld- und Brunnkogel (rechts).
View from the Feuerkogel plateau of the Alberfeld and the Brunnkogel (right).

Die „Kolleralm" im Winterschlaf.
The "Kolleralm" in winter hibernation.

Der Blick schweift über den Eibenberg zurück zum Großen Priel.
The view wanders over the Eibenberg back to the Grosser Priel.

Die Hochzeits- und Prangerschützen aus Ebensee beim „Barbaraschießen" am Kalvarienberg in Ebensee, anlässlich des Festes der Hl. Barbara am 4. Dezember jeden Jahres. Die heilige Barbara ist unter anderem die Schutzpatronin der Artillerie, der Bergleute und einiger anderer Berufe. Diese Schützen sind bei allen Festlichkeiten dabei, wo diese „Geräuschkulisse" erforderlich oder erwünscht ist wie z.B.: Rauhnächte, Neujahr, Glöcklerlauf, Hochzeiten, Fronleichnam… I *The "Hochzeits- und Prangerschützen" riflemen from Ebensee at the "Barbara shoot" on the Calvary in Ebensee, on the occasion of the Festival of St. Barbara on 4 December every year. Saint Barbara is also the patron saint of the artillery, miners and a few other occupations. These riflemen are present at all celebrations, where "background noise" is necessary or desired, such as, "Rauhnächte", New Years, the Bell Ringers Run, weddings, Corpus Christi…*

BRAUCHTUM UM WEIHNACHT – ZUM FEIERN BRAUCHT MAN EINIGES

CHRISTMAS CUSTOMS – YOU NEED A FEW THINGS TO CELEBRATE

Das Wort Brauchtum scheint vielen doch sehr abgegriffen, aber ist es das? „Brauch" kommt vom althochdeutschen Wort „bruh" was so viel heißt wie Nutzen.

Was uns beim Feiern von Geburtstagen, Hochzeiten oder Weihnachten oder irgend einem anderen Fest aber auch bei der Arbeit von Nutzen ist, das was wir zum Feiern oder bei der Arbeit brauchen, das ist Brauch! Je wichtiger ein Fest, eine Feier oder eine Arbeit und je älter sie sind, desto sicherer sind sie von einem ganzen Kranz von Bräuchen umgeben.

The German word "Brauchtum" ["custom"] may seem obscure to many people, but is it? "Brauch" [custom] comes from the Old High German word "bruh" which more or less means "use".

What is of use when celebrating birthdays, weddings or Christmas or any other holiday and also at work? What do we need for a celebration or at work? Customs! The more important a festival, celebration or job and the older it is, the more certain a whole "wreath" of customs surrounds it.

Am Traunsee und im Salzkammergut waren seit jeher Nikolaus und Krampus unterwegs. Die ehrfürchtig blickenden Kinder, welche besucht werden, sprechen mit dem Nikolaus über kleine „Unzulänglichkeiten" in der Schule und das „Benehmen" Zuhause. Der Krampus, mit Kette und Rute, kommt heute eigentlich nicht mehr zum „Einsatz" sondern steht entfernt vom Nikolaus und wird von diesem durch Worte immer wieder „besänftigt". Dann bekommen die Kinder, nachdem sie gebetet oder ein „Sprüchlein" vorgetragen haben, kleine Geschenke, meist in Form von Süßigkeiten.

Nikolaus and his devilish sidekick Krampus have been around at Lake Traunsee and in Salzkammergut for ages. The awestruck children they visit speak with Nikolaus about little "shortcomings" in school and "behaviour" at home. Krampus with his disciplinary chain and rod is actually no longer "used" today but stands apart from Nikolaus and is time and again "soothed" by his words. The children receive little gifts, usually sweets, after they have prayed or recited a brief "saying".

Später Nachmittag, kurz vor der Wintersonnenwende am Traunkirchner Sonnstein.
Late afternoon, shortly before the winter's solstice on the Traunkirchen Sonnstein.

Blick vom gleichen Standort hinunter auf die Ortschaft Rindbach in Ebensee.
View from the same location down onto the village of Rindbach in Ebensee.

21. DEZEMBER ABENDS:
EVENINGS ON THE 21ST OF DECEMBER:

Wintersonnenwende und die erste große Rauhnacht (auch Raunach oder Rauchnacht genannt), die sogenannte Thomasnacht, die längste Nacht im Jahr, mit dem Sonnwendfeuer am Traunkirchner Sonnstein und das Räuchern (oder „rauchen" gehen) in den Häusern und Ställen.

In den Rauhnächten gab es früher noch viele weitere verschiedene Bräuche. Unter anderem durfte man keine Wäsche zum Trocknen aufhängen, ansonsten würde jemand aus der Familie sterben…

Winter solstice and the first important "Rauhnacht" (also called rauhnacht, raunach or rauchnacht), "St. Thomas Night", the longest night of the year, with the solstice fire on the Sonnstein in Traunkirchen and burning incense in the houses and stables.

There used to be many different customs during the "Rauhnächte". These included not being allowed to hang washing up to dry, otherwise someone in the family might die…

Das Räuchern (oder „rauchen" gehen) in den Häusern und Ställen.
Burning incense in the houses and stables.

Wie in „guten" alten Zeiten: Weihrauch auf der Ofenplatte.
Just like in the "good" old days: frankincense on the stove plate.

Je nachdem, auf welchen Tag der Heilige Abend fällt, brennt fallweise an diesem Tag bereits die 4. Kerze am Adventkranz.
Depending on what day Christmas Eve falls, the 4th candle in the Advent wreath may already be occasionally burning on this day.

Kalt aber schön präsentiert sich die Stadt Gmunden an diesem Weihnachtsabend.
Cold but a magnificent display – the City of Gmunden on this Christmas Eve.

Der festlich beleuchtete Innenhof von Schloss Ort mit dem Weihnachtsbaum.
In der Vorweihnachtszeit findet hier ein Adventmarkt statt.
The festively illuminated courtyard of Ort Castle with the Christmas tree.
There is always an advent's market here during the Christmas season.

Der Stadtplatz Gmunden mit dem Schloss Ort im Hintergrund.
The town square of Gmunden with Ort Castle in the background.

Die 123 Meter lange Brücke hinüber zum weihnachtlichen Schloss Ort.
The 123-metre-long bridge down onto the Christmassy Ort Castle.

Heiliger Abend: Der Männergesangsverein Altmünster beim Weihnachtssingen am Friedhof Altmünster. Die Männer dieses Gesangsvereines umrahmen mit ihrem „vor allem bodenständigen" Liedgut Hochzeiten, Begräbnisse, Messen und sonstige Feiern und Veranstaltungen.
Christmas Eve: The Altmünster Men's Choral Society singing Christmas carols in the Altmünster cemetery. The men in this choral society perform their "above all traditional and native" repertoire of songs at weddings, funerals, trade shows and other celebrations and events.

Weihnachtsstimmung wie aus dem Bilderbuch.
Christmas spirit as if straight out of a picture book.

Ein altes Haus in Ebensee zu Weihnachten. Im Vordergrund ein Gedenkkreuz.
An old house in Ebensee at Christmas. A memorial cross in the foreground.

Eine sehr seltene Weihnachtsstimmung. Blick vom Kalvarienberg auf Ebensee. | *A very unusual Christmas atmosphere. View from the Calvary of Ebensee.*

Im Krippenort Ebensee gibt es auch sehr alte Weihnachts- und Krippenlieder. Eines der ältesten und beliebtesten Krippenlieder am Traunsee ist das Lied „Oh Bruder, lieber Bruder mein . . .", welches in Ebensee bereits um 1800 gesungen wurde (Liedtext siehe untenstehend).

Im Buch Hirten-Lieder aus Ebensee (erschienen 1918) wurden vom Lehrer Ferdinand Schaller die in Ebensee noch bekannten und gesungenen Krippenlieder zusammengefasst. Es waren damals 45 Lieder.

Heute sind den meisten Menschen in den Traunseeorten nur mehr einige wenige dieser Weihnachts- und Krippenlieder bekannt.

In the nativity town of Ebensee there are also very old Christmas and nativity songs. One of the oldest and most beloved nativity songs on the traunsee is the song "Oh Brother, dear brother of mine . . ." which was already sung in Ebensee in 1800.

In the book of shepherds' songs from Ebensee (published in 1918) the nativity songs still known and sung in Ebensee were compiled by the teacher Ferdinand Schaller. At the time there were 45 songs.

Today most people in the Traunsee villages are only still familiar with a few of these Christmas and nativity songs.

„OH BRUDER, LIEBER BRUDER MEIN . . ."

Oh Bruder, lieber Bruder mein,
Was i da Neu's muaß sag'n
Und was sich heunt um Mitternacht
Hat Neues zugetrag'n.
Sah ich a Hüttal steh'n von fern,
A Liechtal geh'n, so geh' na dan,
So woll'n ma geh'n,
Woll'n gleima zuhi geh'n.

Vor Freuden i kaum reden kann,
Wann i die Musi' hör,
Es kniet dabei a schöne Frau
Und a ra schöner Herr;

Das Kind liegt auf dem Heu,
Ochs und Esel is a dabei,
Es wend' die Äuglein hin und her,
Ich glaub', es friert's so sehr.

Was muß das für a Kindel sein,
Was meinst, han Kamerad?
Das Kind, das muß vom Himmel sein,
Weil's soviel Lichter hat;
Es brinnt das ganze Haus,
Den Glanz gibt's gar heraus,
So geh' na dan, so woll'n ma geh'n,
Wöll'ns weiter breiten aus.

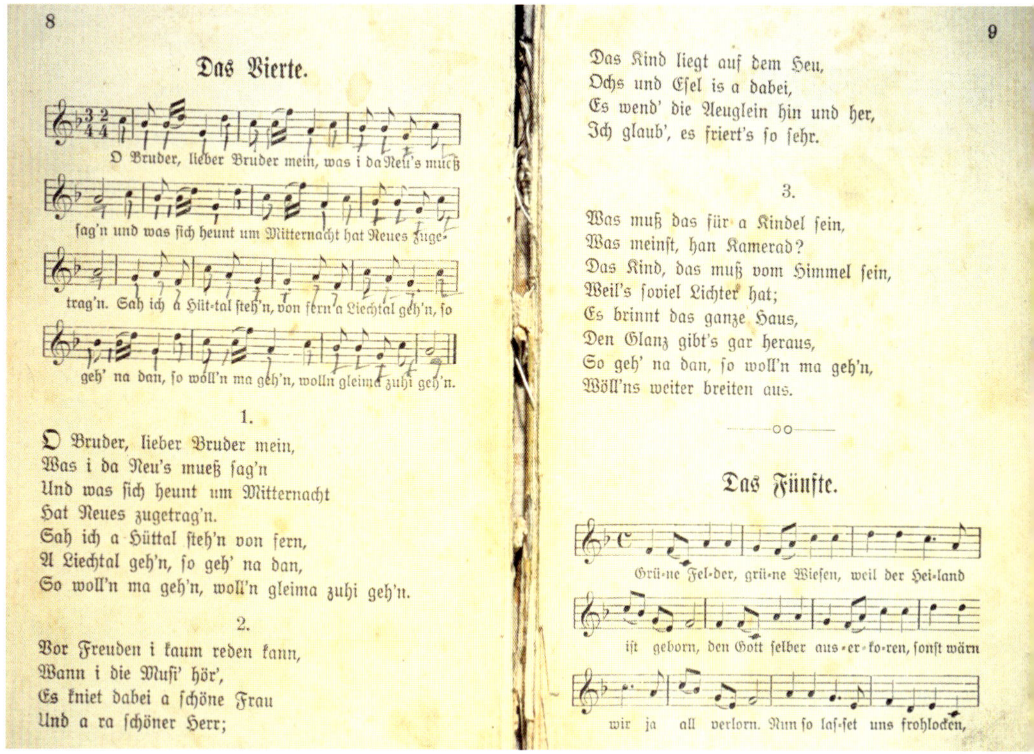
8

Das Vierte.

1.
O Bruder, lieber Bruder mein,
Was i da Neu's mueß sag'n
Und was sich heunt um Mitternacht
Hat Neues zugetrag'n.
Sah ich a Hüttal steh'n von fern,
A Liechtal geh'n, so geh' na dan,
So woll'n ma geh'n, woll'n gleima zuhi geh'n.

2.
Vor Freuden i kaum reden kann,
Wann i die Musi' hör',
Es kniet dabei a schöne Frau
Und a ra schöner Herr;

9

Das Kind liegt auf dem Heu,
Ochs und Esel is a dabei,
Es wend' die Aeuglein hin und her,
Ich glaub', es friert's so sehr.

3.
Was muß das für a Kindel sein,
Was meinst, han Kamerad?
Das Kind, das muß vom Himmel sein,
Weil's soviel Lichter hat;
Es brinnt das ganze Haus,
Den Glanz gibt's gar heraus,
So geh' na dan, so woll'n ma geh'n,
Wöll'ns weiter breiten aus.

Das Fünfte.

Licht im Turm der Pfarrkirche von Ebensee. | *Light in the tower of the Ebensee parish church.*

Vor der Mette am heiligen Abend und nach dem Segen am Altjahrstag spielt eine Bläsergruppe Ebenseer Weihnachtslieder im Kirchturm, die in weitem Umkreis der Kirche von den Menschen bereits sehnsüchtig erwartet werden.
A brass band plays Ebensee Christmas songs in the church tower outside the midnight mass on Christmas Eve and after the blessing on New Year's Eve, which people in a wide radius of the church are already awaiting with anticipation.

Am 26. Dezember, dem Stefanitag, gibt es am Traunsee in vielen Gasthäusern das Brauchtum des „Krambamberl-Brennens". Zuerst wird „guter Schnaps" entzündet. Zuckerwürfel werden auf einer Gabel über der Flamme zum Schmelzen gebracht. Der geschmolzene Zuckertropfen fällt zischend in den brennenden Schnaps.

Das „nicht harmlose" aber gut schmeckende Getränk ist fertig, wenn die Flamme des Schnapses erlischt. Einige „unachtsame Genießer" erfreuen sich am nächsten und auch oft noch an den Folgetagen nicht immer bester „Gesundheit".

On 26 December, Stefanitag [Boxing Day], the tradition of lighting the Krambamberl can be enjoyed in many inns around Lake Traunsee. First a "good schnapps" is ignited. Sugar cubes are stacked on a fork to melt above the flames. The melting drops of sugar fall sizzling into the burning schnapps.

The "not harmless" but delicious beverage is ready to drink when the schnapps flames go out. Some "careless connoisseurs" do not feel in the best of health on the following day - and often even for a few days after that!

GLORIA IN EXELS
DEO

KRIPPENTRADITION RUND UM DEN TRAUNSEE

NATIVITY SCENE TRADITIONS AROUND LAKE TRAUNSEE

Kaum jemand vermag sich des Zaubers der Krippe zu entziehen. Das hat seinen Grund in der Sinnenhaftigkeit und Symbolträchtigkeit der Krippenkunst. Sie ist eine kaum zu überbietende Symbiose von Frohbotschaft und Mythos, Religion und Heimatliebe, Kunst und Gefühl. Daher kommt sie dem Bedürfnis der Menschen nach sinnlich wahrnehmbarer Wirklichkeit des Geheimnisses von der Geburt Gottes nach.

Das eben Gesagte trifft ganz besonders für die Landschaftskrippen des Salzkammergutes zu. In einer kunstvoll errichteten heimatlichen Landschaft, erfüllt mit dem Leben und den Tätigkeiten des 19. Jahrhunderts, ziehen aus Lindenholz geschnitzte bunte Figuren zur Krippe, um dem göttlichen Kind und seiner Mutter ihre Opfergaben darzubringen.

Almost no one is immune to the magic of the nativity. This is due to the meaningfulness and deep symbolism of nativity art. It is a nearly unparalleled symbiosis of the gospel and myth, religion and patriotism, art and feeling. It hence meets people's need for a palpable manifestation of the mysteries surrounding the birth of God.

The above is quite particularly applicable to the Salzkammergut landscaped nativity scenes. In an artistically crafted landscape filled with 19th Century life and activities, colourful figures carved out of lime wood gather in the crèche to bring their offerings to the Divine Child and his mother.

Eine Altarkrippe aus Ebensee, wo Teile des Bibelgeschehens mit der Ansicht des Ortszentrums von Ebensee zu einer Einheit verschmelzen.
An altar nativity scene from Ebensee, in which biblical events are combined with views of the Ebensee town centre.

Zwei Reliefkrippendarstellungen. Es gibt unzählige weitere Arten von Krippen wie z.B. mechanische Krippen, Schwammkrippen, Kastenkrippen, Eckkrippen, ...
Two relief nativity representations. There are countless other types of nativity scenes such as mechanical nativities, tree bark nativities, boxed nativities, corner nativities ...

Zwei der vielen Krippenfigurenschnitzer in Ebensee. Im 19. Jahrhundert begannen Ebenseer Arbeiter in der „kargen" Freizeit aufgrund der allgemein herrschenden Not und Armut mit einfachen Messern, oftmals im Kerzenlicht oder dem Schein des Ofenfeuers der in den kalten Wintermonaten früh hereinbrechenden Dunkelheit, „Krippenfiguren" zu fertigen. Diese Tätigkeit nannte man „schnegern", eine einfache Vorstufe des Schnitzens. Die Arbeiter verkauften die Figuren bzw. tauschten sie großteils gegen Lebensmittel ein, um das Überleben der Familie zu sichern.

Heute gibt es bestes Schnitzwerkzeug und mancher Schnitzer kommt an die Arbeiten von akademischen Bildhauern heran oder übertrifft sie fallweise sogar, was allerdings von einem „Laien" nur sehr schwer zu beurteilen ist bzw. vom „Geschmack" des Betrachters abhängt.

Two of the many nativity scene figure woodcarvers in Ebensee. In the 19th Century Ebensee labourers began producing "nativity scene figures" with simple knives in the sparse leisure time. Due to the prevailing adversity and poverty, this was often by candlelight or the light of the hearth fire in the darkness, which came so early during the cold winter months. This activity was called "schnegern" [whittling], a simple precursor of woodcarving. The labourers sold the figures or most often exchanged them for food to ensure the family's survival.

Today there are excellent woodcarving tools and the work of some woodcarvers approaches the level of academically trained sculptors or in some cases even surpasses them, which is in any event very difficult for a "layman" to judge and/or depends on the viewer's "sense of taste".

Das Bemalen der Krippenfiguren (auch „fassen" genannt) erfordert viel Geschick und Erfahrung, obwohl das auf den ersten Blick nicht sofort erkennbar ist.
Painting the nativity figures requires a lot of skill and experience, although that isn't always immediately recognisable at first glance.

In die Krippe gehört natürlich auch ein Stall, Häuser und ... Das Fertigen dieser Krippenteile ist ein eigenes „Handwerk" und mit viel Mühe, Feingefühl, Erfahrung und Nervenkraft verbunden. Die Krippenhäuser sind teilweise im Maßstab jener Häuser der Gegend nachgebaut, die es einst gab oder immer noch gibt.
Nativity scenes naturally also have a stall, houses and... The creation of these nativity scene elements is a "craft" in itself and associated with a great deal of effort, sensitivity, experience and steady nerves. The nativity houses are at times recreated to the scale of each house in the area, which was once there or still is.

Das Sticken der Krippentücher. Dieses feine „Handwerk" kann ebenfalls als Kunst bezeichnet werden, welche in dieser Gegend nicht viele Menschen beherrschen und die dafür notwendige Ausdauer besitzen. Die Krippentücher sind oft mehrere Meter lang. Die Arbeitszeit, je nach Ausarbeitung, dauert pro Tuch fallweise über mehrere hundert Stunden.
Stitching the nativity scene banners. This fine "craft" can also be described as an art, which not many people in the area master or have the necessary patience for. The nativity banners are often several metres long. It occasionally takes over several hundred hours per banner, depending on how elaborate it is.

Das Malen der sogenannten „Hald" (Hintergrundbild der Krippe) ist der nächste erforderliche künstlerische Höhepunkt bei der Entstehung einer Krippe.
Painting the "Hald" (nativity scene backdrop) is the next creative step needed to create a nativity.

Das eigentliche „Aufmachen" (Aufstellen) der Krippen beginnt meistens nach dem 8. Dezember.
The actual "opening" (populating) of the nativity generally begins after the 8th of December.

Die oft fast ganze Zimmer füllenden Krippen, wie hier die „Binderkrippe" in Ebensee, können dann als verschieden gut gelungene Kunstwerke bezeichnet werden, welche zum Teil im Zuge einer „Krippenroas" öffentlich in den jeweiligen Privathäusern oder Museen besichtigt werden können. | *Nativity scenes, often nearly filling an entire room, as here the "Binder nativity" in Ebensee, can then be characterised as varyingly successful artworks, some of which can be publicly viewed in private homes or museums during a "Krippenroas" (walking tour of the nativities).*

Die Herbergssuche.
The search for shelter.

Der „Katzenwoferl“ (einst am Kalvarienberg in Ebensee lebender Einsiedler).
The “Katzenwoferl” (anchorite, who once lived on the Calvary in Ebensee).

Die Hirten sind unterwegs zur Krippe.
The shepherds are on their way to the manger.

Der blinde „Veit“ mit seinem Sohn.
Blind “Veit” with his son.

KRIPPENFIGUREN ALS POLITISCHES PROTESTMITTEL
NATIVITY FIGURES AS A MEANS OF POLITICAL PROTEST

In vielen Krippen in Ebensee gibt es die Figurengruppe „Huss, geh' Melag". Diese setzt sich aus einem Wolf mit Lamm, der von einem Hund gejagt wird und einem hinterherlaufenden Hirten mit Stock zusammen. Der Name des Hundes „Melag" geht auf einen französischen General zurück, der bei seinen vom König befohlenen Kriegszügen unter der eroberten Bevölkerung Angst und Schrecken verbreitete. Der Name Melag war somit als Schimpfwort zu verstehen. Aber wer sollte einem einfachen Hundehalter verbieten, seinen Hund Melag zu nennen?

Few nativity scenes in Ebensee have the "Huss, geh´ Melag" group of figures. This is composed of a wolf with a lamb being chased by a dog and a shepherd with a stick running behind them. The name of the dog "Melag" goes back to a French general, who spread fear and terror among the conquered population in his military campaigns ordered by the king. The name Melag was hence considered an epithet – but who should forbid a simple dog owner from naming his dog Melag?

„Huss, geh' Melag".
"Huss, geh' Melag".

Der „Hirtenschlaf". Der Engel weckt die schlafenden Hirten, um Sie auf das Wunder in der Krippe aufmerksam zu machen.
The "shepherds' sleep". The angel wakes the sleeping shepherds to make them aware of the miracle in the manger.

Die ersten Hirten treffen als Gabenbringer ehrfürchtig bei der Krippe ein.
The first shepherds arrive at the manger as reverent bearers of gifts.

Die „Wunderlichen" (zwei zum Himmel blickende Hirten) beobachten die Erscheinung über der Krippe. | *The "awestruck" (two shepherds gazing at the sky) observing the apparition above the manger.*

Auch Vogelfänger und Holzknechte sind in den verschiedenen Krippen zu sehen.
Bird catchers and woodcutters can also be found in various nativity scenes.

Viele der bis zu 200 Jahre alten Figuren haben einen „Kropf", den die Menschen seinerzeit oft wegen Mangelernährung hatten.
Many of the up to 200-year-old figures have a goitre, which people at the time often had as a result of malnourishment.

Die Loidlkrippe in Ebensee wurde um 1820 von Johann Georg Wirth aus Altmünster, einem Schüler der Gmundner Bildhauerwerkstätte von Johann Georg Schwanthaler, erschaffen.
The Loidl nativity scene in Ebensee was created in 1820 by Johann Georg Wirth from Altmünster, a student of Johann Georg Schwanthaler's sculpture workshops in Gmunden.

Eine Rarität: Die Ebenseer Winterkrippe des Bildhauers Rudolf Heißl wurde als eines seiner letzten Werke um 1975 erschaffen. Diese ist eine außergewöhnliche Krippendarstellung im Winter (mit dem Traunstein im Hintergrund), wobei die Hirten in diesem Fall „Holzknechte" (Holzfacharbeiter) sind, welche im Ort damals alle namentlich bekannt waren.
A rarity: This Ebensee winter nativity scene by sculptor Rudolf Heissl in 1975 was one the last works he created. This is an extraordinary winter nativity depiction (with the Traunstein in the background), whereby the shepherds in this case are "woodcutters" (skilled timber craftsmen), all of whom were known in the town by name at the time.

Die Schwanthalerkrippe in der Pfarrkirche Altmünster wurde um 1775 in der Bildhauerwerkstatt des Johann Georg Schwanthaler in Gmunden gefertigt.

Sie gilt mit ihren etwa 70 Figuren als eine der schönsten Krippen im gesamten Salzkammergut.

The Schwanthaler nativity in the Altmünster parish church was produced in 1775 in Johann Georg Schwanthaler's sculpture workshop in Gmunden.

Comprised of 70 figures it is considered one of the most beautiful nativity scenes in all of Salzkammergut.

Nun haben die Heiligen Drei Könige auch in der Loidl-Krippe Einzug gehalten …
The Three Magi have now also arrived in the Loidl nativity …

Ab dem Feiertag der Heiligen Drei Könige, dem 6. Jänner, werden in den Krippen die Hirten vom Zentrum vor dem Stall entfernt oder weiter vom Hauptgeschehen weg wieder aufgestellt. An ihre Stelle kommen jetzt die Heiligen Drei Könige samt ihrem etwas dahinter oder abseits stehenden Gefolge aus Treibern, Pferden, Elefanten, Kamelen… In einigen Krippen wird das Jesuskind gegen ein bereits sitzendes oder stehendes Gotteskind ausgetauscht. Ausgetauscht wird auch der Engel gegen den jetzt über der Krippe stehenden Stern oder Komet, welcher den Heiligen Drei Königen den Weg zur Krippe wies.

From the holiday of the Three Magi on the 6th of January, shepherds in the nativity scene are removed from the centre in front of the stable or replaced again further away from the main event. In their place come the Three Magi together with their entourage standing somewhat behind or aside, consisting of herders, horses, elephants, camels… In some nativity scenes the baby Jesus is replaced by a seated or standing Child of God. Also the angel is replaced by the star or comet above the nativity scene, which guided the Three Magi to the manger.

Es gibt auch viele neue Krippen, die in den letzten Jahren gefertigt wurden, wie hier die Frey-Krippe in Ebensee mit dem orientalischen Stall, jedoch im Hintergrund den Bezug zur Heimat haben.
There are also many new nativity scenes made in the last few years, as here the nativity by Frey in Ebensee with the oriental stable, which nevertheless have references to the homeland in the background.

Die Heiligen Drei Könige mit ihrem Gefolge in der „Daxner-Krippe" (Ebensee). Die geschnitzten Elefanten und Kamele aus der Anfangszeit der Krippen sehen teilweise etwas „seltsam" aus, da zur damaligen Zeit keiner der Schnitzer je eines dieser Tiere gesehen hatte. Alles beruhte auf Erzählungen, Überlieferungen und der daraus resultierenden Fantasie, auch jener der Bildhauer. Kunstvoll und naturgetreu waren jedoch bereits die Pferde. Diese waren ja überall als Arbeitstiere zugegen und daher auch in ihrer natürlichen Bewegung zu beobachten.

The Three Magi with their entourage in the "Daxner nativity" (Ebensee). The carved elephants and camels in the first nativities seem a bit "odd", as none of the wood-carvers at the time would ever have even seen one of these animals. Everything was based on stories, lore and imagination, also that of the sculptor. The horses were artistic and lifelike, however, as they were used everywhere as workhorses, and it was hence possible to observe them as they moved about naturally.

Viele Menschen suchen am Altjahrstag die Friedhöfe auf.
Manch abgeschossene Leuchtrakete lässt den Ebenseer Bergfriedhof für einige Sekunden in weißem oder buntem Licht erscheinen.
Many people visit cemeteries on New Year's Eve. A few flares briefly bathe the Ebensee mountain cemetery in a white or colourful light.

Der Jahreswechsel macht besinnlich: „Ach, wiederum ein Jahr verschwunden!" so heißt es in einem Lied, das in kirchlichen Jahresschlussfeiern gesungen wird. Viele im Salzkammergut gehen auf den Friedhof und zünden auf den Gräbern ihrer Lieben Lichter an. Danach aber tritt das Feiern der Lebenden und des Lebens in sein Recht: In den Familien, in Gasthäusern und Sälen treffen sich frohgestimmte Menschen zum Essen, Trinken, Gesang, Musik und Tanz und feiern auf den Jahreswechsel um Mitternacht hin.

Das neue Jahr wird laut und bunt begrüßt: Böller und Schüsse krachen und übertönen das Läuten der Kirchenglocken. Raketen steigen in den Himmel und verwandeln sich mit lautem Knall für wenige Augenblicke in bunte, leuchtende Gebilde.

The turn of the year makes one pensive: "Oh my, another year has disappeared!" as they say in a song sung in church celebrations at the year's end. Many people in Salzkammergut go to cemeteries and light candles on the graves for their loved ones but afterwards the celebration of life and living comes into its own: Joyous throngs meet to eat, drink, sing, make music and dance at home with their families or in taverns and halls and celebrate the turn of the year until midnight.

The new year is greeted loudly and colourfully: Bangers and shots ring out and drown out the sounds of the church bells. Fireworks rise into the sky and for a few moments transform with a loud bang into colourful, luminous shapes.

Am Altjahrstag, gegen Mitternacht, also zu Silvester, steigen überall Raketen auf und Böller begrüßen das neue Jahr.
Around midnight on New Year's Eve fireworks soar and bangers everywhere and greet the new year.

Auch in den Bergen, wie hier am Feuerkogel bei Ebensee, wird fallweise um Mitternacht ein Feuerwerk abgebrannt.
Fireworks are sometimes also set off in the mountains at midnight, as here on the Feuerkogel near Ebensee.

SILVESTER – JAHRESWECHSEL AM TRAUNSEE
NEW YEAR'S EVE – THE TURN OF THE YEAR AT LAKE TRAUNSEE

Die prächtig gekleideten Dreikönigsreiter samt Gefolge in Neukirchen bei Altmünster.
Diesen einmaligen Brauch des Sternsingens für missionarische Anliegen und Unterstützungen in der Dritten Welt gibt es bereits seit 1959.
The resplendent Three Magi on horseback together with their entourage in Neukirchen near Altmünster.
This unique custom of carolling for missionary purposes and third world aid has been in place since 1959.

STERNSINGEN – DIE HEILIGEN DREI KÖNIGE KOMMEN
CAROLLING – THE THREE MAGI ARE COMING

„Es zieh'n aus weiter Ferne drei Könige einher …": Fantasievoll gewandet und von einem Stern angeführt, erfreuen die drei mit ihrem Gesang ihre Mitmenschen.

Als die Heiligen Drei Könige verkleidete Männer, Frauen und Kinder gehen von einem Stern begleitet von Haus zu Haus, von Wohnung zu Wohnung.

Die Gruppen singen weihnachtliche Lieder, wünschen den Bewohnern ein glückliches neues Jahr und erhalten dafür zumeist eine Gabe!

"Three kings are approaching from afar …": Imaginatively apparelled and guided by a star, the three delight their fellow men with their song.

Men, women and children dressed as the Three Kings go from house to house, flat to flat, accompanied by a star.

The groups sing Christmas songs, wish the inhabitants a Happy New Year and usually receive a donation for it!

Die Heiligen Drei Könige, hoch zu Roß, ziehen mit ihrem Gefolge zu den Häusern des Aurachtales.
The Three Magi on horseback proceed with their entourage to the houses in Aurachtal.

Der stimmungsvolle Festgottesdient am 6. Jänner findet unter Mitwirkung dieser Brauchtumsgruppe in der Pfarrkirche Neukirchen statt.
The ambient festival service is held in the Neukirchen parish church on 6 January with the participation of this heritage group.

Die Heiligen Drei Könige (Kaspar, Melchior und Balthasar) samt Sternträger der Kirchenorganisationen sind auch in den Traunseeorten für missionarische Zwecke unterwegs.
The Three Magi (Caspar, Melchior and Balthazar) with the star bearer also visit Traunsee villages for the church organisations' missionary purposes.

Die Katholische Jungschar Österreichs pflegt den Brauch des Sternsingens seit 1955, und das für einen guten Zweck: Mit den gesammelten Spenden werden Hilfsaktionen und Entwicklungsprojekte unterstützt.

Austria's Catholic youth organisation, the Jungschar, has been cultivating the tradition of carolling since 1955, and for a good purpose: The donations collected support relief operations and development projects.

Die etwas anderen Sternsinger in Ebensee. Diese Sternsinger ziehen mit einem beleuchteten Drehstern durch den Ort und überbringen in den ersten Jännertagen mit alten Hirtenliedern befreundeten Familien Neujahrswünsche.
The slightly different carollers in Ebensee. These carollers march through town with an illuminated revolving star and bring new year's wishes with old shepherd songs to friendly families in the first few days in January.

Die Sternsinger des Doppelquartettes Edelweiß aus Gmunden kommen am Vormittag des Feiertages der Heiligen Drei Könige (immer der 6. Jänner) vom Landschloss Ort über die Brücke zum Seeschloss Ort, wo nach tagelanger, mühsamer Gesangs- und Sammelarbeit in der Stadt im Innenhof des Schlosses alte Hirten- und Krippenlieder gesungen werden. Die Sternsinger des Doppelquartettes Edelweiß pflegen diesen Brauch bereits seit ihrer Gründung im Jahre 1946. Die in der Weihnachtszeit und bei der Dreikönigsaktion ersungenen Spenden werden für die schwächsten Menschen der Region verwendet, wo zum Beispiel in Not geratenen Kindern bzw. kinderreichen Familien in und um Gmunden auf rasche und unbürokratische Art und Weise geholfen wurde und wird.

The Doppelquartett Edelweiss carollers from Gmunden start at Ort Land Castle in the morning of the holiday of Three Kings Day (also known as The Epiphany, on 6 January) over the bridge to Ort Lake Castle, where after days of arduous singing and fundraising activity in the city, old shepherd and nativity songs are sung in the castle courtyards. The Doppelquartett Edelweiss carollers have been observing this custom since they were founded in the year 1946. The donations received from singing during the Christmastime and Three Kings' campaign are used for the region's most disadvantaged people, whereby, for example, children in need and/or families with many children in and around Gmunden are given assistance in a rapid and unbureaucratic manner.

Den Abschluss dieser Aktion bildet das Mitwirken an der Dreikönigsmesse am Abend des Feiertages in der Pfarrkirche Gmunden.
This campaign comes to a close by participating in the Three Kings Mass on the evening of the festival in the Gmunden parish church.

Die „Viechtauer Bläser" aus Neukirchen nach der Dreikönigsmesse vor dem Dreikönigsaltar in der Pfarrkirche Gmunden.
The "Viechtauer Bläser" brass band from Neukirchen after the Three Kings Mass in front of the Magi altar in the Gmunden parish church.

Ein Teil des Hochaltars in der Gmundner Pfarrkirche. Die lebensgroße Gruppe „Anbetung der Heiligen Drei Könige" wurde vom wohl berühmtesten Bildhauer Thomas der Familiendynastie Schwanthaler in den Jahren um 1678 erschaffen.
A part of the high altar in the Gmunden parish church. The life-size group "Adoration of the Magi" was created in the year 1678 by probably the most famous sculptor Thomas, of the Schwanthaler family dynasty.

Die Traunkirchner Glöcklerpasse „Hoch Hoffischergasse" vor Einbruch der Dunkelheit. Der Beginn des Glöcklerlaufes steht unmittelbar bevor.
The Traunkirchen bell ringer's "passe" or "group" "Hoch Hoffischergasse", just before nightfall. The start of the bell ringer's run is imminent.

GLÖCKLERLAUF - DEN WINTER VERTREIBEN

BELL RINGER'S RUN – BANISHING WINTER

Am Vorabend zum Fest der Heiligen Drei Könige, in der letzten der vier Rauhnächte, sind die Glöckler unterwegs. Auf dem Kopf tragen sie ihre Lichterkappen, ebeso kunst- wie liebevoll gefertigt; ihre umgeschnallten Glocken künden von ihrem Kommen.

Ausgehend von Ebensee, der Urheimat dieses Brauches, wo er seit 160 Jahren besteht, verbreitete sich der Glöcklerlauf im ganzen Salzkammergut und darüber hinaus.

On the eve of the festival of the Three Magi, during the last of the four "Rauhnächte", the bell ringers are underway. On their heads they carry illuminated headpieces, as creatively as they are lovingly designed; the bells strapped to them announce their arrival.

Starting in Ebensee, the original homeland of this custom where it has existed for 160 years, the bell ringer's run has spread throughout the entire Salzkammergut and beyond.

2001

Der Baubeginn einer Glöcklerkappe, oft schon im Sommer. Die Konstruktion des Gerüstes und das Zeichnen der Ornamente oder Darstellungen. Der Gerüstbau (aus Holz) einer Kappe erfordert Erfahrung und handwerkliches Geschick. | *Building a bell ringer's headpiece often already starts in the summer. Here, the construction of the scaffolding and drawing the ornaments or illustrations. The "scaffolding" (made of wood) of a headpiece takes experience and skilled craftsmanship.*

Das „maßstabsgetreue Übertragen" der Zeichnung, meist auf Tonpapier.
The "true-to-scale transfer" of the drawings, mostly on construction paper.

Mit handwerklichen Fähigkeiten beginnt das Ausschneiden und Stanzen der vorgezeichneten Hartpapierbögen.
Skilled craftsmanship is needed to cut out and stamp the sketches onto laminated sheets of paper.

Der nächste Arbeitsschritt ist das Hinterkleben der Papierteile (nach vorgegebenen Mustern und Farben) mit Buntpapier. Nervenstärke ist gefragt. Das „Aufziehen" (Aufkleben) der fertig hinterklebten Teile auf das Holzgerüst. | *The next work stop is gluing the reverse of the sections of paper (according to predetermined patterns and colours) with coloured paper. Steady nerves are required. The "mounting" (affixing) of the completed reverse sections onto the wooden scaffolding.*

Die „Klebestoßstellen" werden mit weißen Fransen überdeckt.
The "glue joints" are overlaid with white fringes.

Die Glöcklerkappe (kann man in den meisten Fällen ruhigen Gewissens auch als Kunstwerk bezeichnen) ist nach 300 bis 800 Stunden unentgeltlicher Arbeit endlich fertig.
The bell ringer's headpiece (this can in most cases also be described with a clear conscience as a "work of art") is finally completed after 300 to 800 hours of unpaid work.

Die Rindbacher Glöcklerpasse am Abend des 5. Jänners. Aufstellung vor dem Lauf beim letzten Haus am Ende dieses Ortsteiles von Ebensee.
The Rindbacher bell ringer's group on the evening of 5 January. Line up before the run at the last house at the end of this section of Ebensee.

Das Entzünden der Kerzen, mit welchen die Glöcklerkappen erleuchtet werden.
Lighting the candles that illuminate the bell ringer's headpieces.

Jede Glöcklerkappe unterscheidet sich in Form, Farbe, Ornament oder Hauptmotiv.
Every bell ringer's headpiece differs in form, colour, ornamentation or main motif.

Die „Hofer Buam" (Buben) spielen den von Franz Hofer für die Glöckler extra komponierten Glöcklerjodler.
The "Hofer Buam" (lads) play the bell ringer's yodel specifically composed for the bell ringers by Franz Hofer.

Nach dem „Startschuß", bei dieser Passe mit einem abgefeuerten Böller, setzt sich die Passe (Gruppe) Richtung Ortszentrum in Bewegung.
After the "starting signal" – for this group a firecracker – the group sets off to the town centre.

Wie beleuchtete „Perlenketten" sind die Glöcklerpassen unterwegs und erzeugen mit ihren natürlich beleuchteten, mit einem im Gerüst eingearbeiteten Hut oder Helm am Kopf getragenen, Kappen und die am Körper getragenen Glocken (fast jede Passe hat ihren eigenen Glockenklang) eine eigenartig „gespenstische" Stimmung in dieser Rauhnacht.

Die Anzahl der sich pro Passe im Einsatz befindlichen Kappen ist immer eine ungerade Zahl und variiert fallweise. Dabei der Vorläufer, die Anzünder (sie kontrollieren das Brennen der Kerzen während kurzer Laufpausen) sowie die „Absammler", welche die Passe begleiten und um kleine Geldspenden bitten. Das gespendete Geld wird bei dieser Passe für Speise und Trank bzw. zum Bau neuer Kappen verwendet. Auch die Verwendungszwecke der Spenden sind von Passe zu Passe unterschiedlich. Feuerwehr, Katholische Jugend, sonstige Vereine...

Like illuminated "strings of pearls" the bell ringer's groups are on the march and with their naturally illuminated headpieces worn on their heads, with a hat or helmet incorporated into the scaffolding, and bells worn on their bodies (nearly every group has its own bell sound) they create a unique "ghostly" ambience on this "Rauhnacht".

The number of headpieces used by each group is always an odd number and occasionally varies. These include the "forerunners" (who run ahead), the "igniters" (they monitor the state of the candle flames during brief breaks along the run) as well as the "collectors", who accompany the group and ask people for small donations. The money donated is used by this group for food and drink and/or to support building new headpieces. Also the intended purpose of the donations varies from group to group: For the fire brigade, Catholic Youth, other organisations...

Die „Rituale" der einzelnen Passen betreffend Ablauf, Pausen oder Gesang von Krippenliedern, sind unterschiedlich.
The "rituals" of the individual groups differ with respect to route, pauses or singing nativity songs.

Nach ca. 20 bis 30 km der Gesamtlaufstrecke spürt man, neben den eiskalten, immer gegen den Körper schlagenden Glocken, auch langsam die 8 bis 16 kg schwere Kappe im „Nacken", die ungewohnt am Kopf getragen wird.
After approx. 20 – 30 km of the whole route, one's neck slowly begins to feel the unaccustomed weight of the 8 – 16 kg headpiece in addition to the ice-cold bells constantly clanging against the body.

DIE LEBENSDAUER DER GLÖCKLERKAPPEN
THE SERVICE LIFE OF A BELL RINGER'S HEADPIECE

Die in diesem Buch beschriebenen Glöcklerkappen haben eine durchschnittliche Lebensdauer von etwa 10 Jahren. Die Kappen müssen dann infolge von Witterungseinflüssen, Beeinträchtigungen durch Kerzenwachs und Kerzenrauch erneuert werden.

The bell ringer's headpieces described in this book have an average life of around 10 years. The headpieces then have to be replaced as a result of the impacts of weather and damages from candle wax and candle smoke.

Die Hauptmotive in dieser Glöcklerkappe sind die Jäger und die Wilderer in ihrer Auseinandersetzung, welche in der Geschichte des Salzkammergutes bis zum heutigen Tage wohl immer noch zugegen ist.
The main motif in this bell ringer's headpiece is Salzkammergut's historic conflicts between hunters and poachers, which is probably still happening.

Auch der Städtepartnerschaft zwischen Prato (Italien) und Ebensee ist das Hauptmotiv einer Jubiläumskappe gewidmet.
One jubilee headpiece's main motif is even dedicated to town twinning between Prato (Italy) and Ebensee.

Die Sternsinger des Gesangsvereines AGV „Kohlröserl" im Hauptmotiv einer Glöcklerkappe.
The AGV choral association "Kohlröserl" carollers in the main motif of a bell ringer's headpiece.

Ein weiteres Kappen-Hauptmotiv: Die Fischer am Traunsee aus jener Zeit, als sie noch rudern oder segeln mussten, um zu ihren ausgelegten Netzen zu gelangen.
Another main motif of a headpiece: Fishermen on Lake Traunsee during the time, when they still had to paddle or sail to reach the nets they've laid out.

Eine von über 20 Glöcklerpassen in Ebensee, die Roither-Buam.
One of more than 20 bell ringer's groups in Ebensee, the Roither-Buam.

Die Glöcklerpasse Hoch-Berggasse/Bleichstatt aus Ebensee läuft, im kurzen Schein so mancher Leuchtrakete, in dieser Rauhnacht vom Kalvarienberg über die fast 400 Stufen hinunter Richtung Ortszentrum. Dieser „Ausgangspunkt" der Passe ist bei den im Ortskern anwesenden und wartenden Zusehern sehr beliebt, da dieses Geschehen sehr schön zu beobachten ist.
In the glow of fireworks displays the Hoch-Berggasse/Bleichstatt bell ringer's group runs from Ebensee on this "Rauhnacht" from the Calvary over the nearly 400 steps down towards the centre of town. The point where this group sets off is very popular with the audience waiting in the town's centre with great anticipation, as it is particularly beautiful to behold.

Die Traunkirchner Glöcklerpasse, mit dem Namen „Hoch Hoffischergasse", eine von mehreren Passen in Traunkirchen, im Innenhof des alten „Clodihofes".
The Traunkirchen bell ringer's group, called "Hoch Hoffischergasse", one of several groups in Traunkirchen in the courtyard of the old "Clodihof".

Eine kurze Pause, kleine „Stärkung", das Singen von alten Krippenliedern und weiter geht's.
A short break, some "refreshments", singing old nativity songs and onward they go.

Bei der Villa „Löwenthal" in Traunkirchen, kurz vor Ende des Glöcklerlaufes dieser „Passe". | *At the "Löwenthal" villa in Traunkirchen, shortly before the end of this group's bell ringer's run.*

Eintreffen der Glöcklerpassen aus Altmünster am Ortsplatz vor dem Gemeindeamt. | *Arrival of the bell ringer's groups from Altmünster at the town hall square.*

Die Krippendarstellungen von Weihnachten und die Ankunft der Heiligen Drei Könige jeweils als Hauptmotiv in einer Glöcklerkappe.
The nativity scene representations of Christmas and the arrival of the Three Magi is a main motif in one bell ringer's headpiece.

Die Gmundner Glöcklerpassen versammeln sich am Rathausplatz und singen alle gemeinsam Krippenlieder.
The Gmunden bell ringer's groups gather at the town hall square and sing nativity songs together.

Eine Bläsergruppe aus Gmunden spielt festliche Lieder auf einem Balkon des Gmundner Rathauses.
A brass band from Gmunden plays festive songs on a balcony of Gmunden town hall.

Glöcklerkappe mit einem Motiv der Keramikstadt Gmunden.
Bell ringer's headpiece with a Ceramic City of Gmunden motif.

Schloss Ort, ebenfalls ein Hauptmotiv eines dieser „Kunstwerke".
Ort Castle, likewise a main motif of one of these "artworks".

Auch die Sternsinger aus Gmunden, welche mit dem Schiff gekommen waren, singen Krippenlieder.
The carollers from Gmunden, who have come by boat, are also singing nativity songs.

Zwei sehr traditionelle „Fetzenlarven", wie die Faschingsmasken am Traunsee genannt werden.
Two very traditional "Fetzen larvae", as the carnival masks are called on Lake Traunsee.

FASCHING – NÄRRISCH-LUSTIGE TAGE AM TRAUNSEE!

CARNIVAL – ZANY FUN-FILLED DAYS ON LAKE TRAUNSEE!

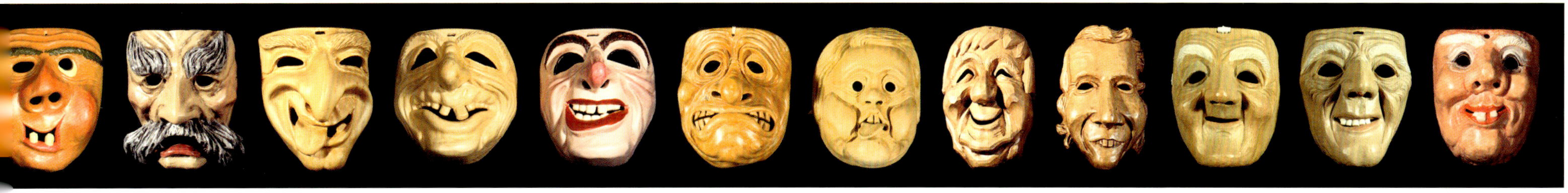

Die Bezeichnungen Fasching, Fastnacht, Karneval meinen alle dasselbe: Das bunte und ausgelassene Treiben vor der Fastenzeit. Denn in der letzteren gab es über Jahrhunderte beträchtliche Einschränkungen, vor allem was kulinarische Genüsse und vergnügliche Veranstaltungen anbelangte. Und da wollte man es vor dem Aschermittwoch noch einmal so richtig „rund" gehen lassen.

Vielerorts beginnt der Fasching am 11.11. um 11:11 Uhr. In Ebensee jedoch beginnt die Faschingszeit erst Mitte Jänner.

Die Hochburg des Faschings am Traunsee ist Ebensee, wo der Fasching mit Fug und Recht als ureigene „Nationalfeiertage" gilt. Höhepunkt ist der weitum bekannte „Fetzenzug" am Faschingmontag: Fantasievoll maskierte Menschen ziehen, bestaunt von Gästen aus Nah und Fern und musikalisch begleitet, aus der Ortschaft Kohlstatt ins Ortszentrum, wo noch lange weitergefeiert wird.

The terms Fasching, Shrovetide, Carnival, Mardis Gras all describe the same thing: The colourful and boisterous festivities before Lent, as the latter has for centuries entailed significant restrictions with regards to culinary enjoyments and pleasurable activities. Hence people wanted to properly "let loose" one last time before Ash Wednesday.

In many places carnival begins on 11.11 at 11:11 am. In Ebensee, however, the carnival period doesn't start until mid January.

The stronghold of carnival on Lake Traunsee is Ebensee, where carnival is rightly considered its very own "national holiday". The highlight is the widely renowned "Fetzenzug" parade on Carnival Monday: Imaginatively masked people - accompanied by music and observed with astonishment by guests from near and far - proceed from the town centre to the village of Kohlstatt, where celebrations continue for a long time.

Der Clown ist nicht nur im Zirkus gerne gesehen, sondern auch bei den verschiedenen Faschingsumzügen zu unterschiedlichen Zeiten in den Traunseeorten.
The clown is not only a welcome sight in the circus but also at different times in the various carnival parades in the Traunsee villages.

DIE „FETZENLARVENSCHNITZER“ UND DIE „FASSERIN = MALERIN“ SIND AM WERK!

THE “FETZEN LARVAE CUTTERS“ AND THE “FASSERIN = PAINTER“ ARE AT WORK!

FASCHINGSAMSTAG: KINDERFASCHING IN EBENSEE
CARNIVAL SATURDAY: CHILDREN'S CARNIVAL IN EBENSEE

EBENSEER
WetterFrösche

VIVA ESPAÑA

Faschingsonntag: Der große Wagenumzug in Ebensee und anderen Orten am Traunsee. Vorne weg die „Austrommler" des Faschings.
Carnival Sunday: The massive parade with floats in Ebensee and other places at Lake Traunsee. At the front are the carnival "town criers".

Die Garde.
The guard.

Die drei Musikkapellen Ebensees sind natürlich auch dabei. Wie hier die Salinenmusikkapelle.
Ebensee's three bands are naturally also present. Shown here, the saline band.

Jubel, Trubel, Heiterkeit, ...
Rejoicing, good cheer and merriment ...

Gehört ebenfalls zum gesamten Faschingsgeschehen, das Faschings-Prinzenpaar. Jedes Jahr wird ein neues Paar gesucht oder ausgewählt und nimmt natürlich an allen Bällen und Umzügen der Faschingszeit teil.
The prince and princess of carnival are also an integral part of carnival. Every year a new couple is sought or chosen and participate in all balls and processions during carnival.

BUNT UND VIELFÄLTIG
COLOURFUL AND DIVERSE

Die Themen der Umzugsteilnehmer sind einfallsreich: vom Schweinerennen über die Wikinger zu den Wetter-Betern bis hin über Kindererziehung, Schule und Politik (mit welcher im Fasching am Traunsee nicht unbedingt „sanft“ umgegangen wird!).

The themes of the parade participants are imaginative: From hog races to Vikings to rain dances from children's education and school to politics (the latter is not necessarily "handled with kit gloves" in carnival on Lake Traunsee!).

Die Solvaymusik Werkskapelle. | *The Solvaymusik works band.*

Die Feuerwehrmusikkapelle Langwies. | *The Langwies fire brigade band.*

Traunkirchner
2012
Traunkirchner
MORDSG'SCHICHT

Traunkirchen: Eine Besonderheit im Faschingsgeschehen am Traunsee stellt am Faschingssonntag der mehr als 100 Jahre alte Brauch der Traunkirchner Mordsg'schicht (auch „Moritaten" genannt) dar. Die Herren in edler Bekleidung tragen in verschiedenen Gasthäusern nach althergebrachten Liedtexten lustige „Hoppalas" der Ortsbewohner vor.

Zur Geschichte dieser „Moritat". Ein Mann aus Traunkirchen stellte vor den Weihnachtsfeiertagen seine Krippe auf. Am Zaun der Krippe entdeckte er eine Beschädigung, die mit einem Superkleber schnell zu reparieren wäre. Der Mann ging in seine Werkstatt und wollte die Tube des Superklebers öffnen. Der Verschluss der gebrauchten Tube war, wie wir ja alle aus eigener Erfahrung kennen, verklebt. Mit einer Zange öffnete der Einheimische die Tube und drückte kräftig zusammen. Ein Strahl des Klebstoffes verließ unter Druck die Tube und landete genau zwischen den Lippen dieses Mannes. Schon war es geschehen.

Der „Krippenbauer" brachte seine Lippen nicht mehr auseinander. Verzweifelt ging er ins Badezimmer und schnitt mit einer Rassierklinge die Lippen auseinander, um durch den Mund wieder atmen zu können. Es floss dabei natürlich auch Blut. Auch von großen „Schmerzen" berichtete der Einheimische dann im Gasthaus. Und schon war es geschehen. Ein „Zuhörer" im Gasthaus berichtete es den Männern der Mordsg'schicht, welche natürlich eine Geschichte in bewährter Liedform daraus machten. Die Geschichte wäre im Fasching natürlich nicht vorgetragen worden, hätte sich der „Krippenbauer" ernsthaft verletzt. Die Suche nach den nächsten Geschichten ist bereits unter „strengster Geheimhaltung" in vollem Gange ...

Traunkirchen: One special event on Carnival Sunday at Lake Traunsee is the over 100-year-old custom of the Traunkirchen murder story (also called "murder ballads"). In various inns men in formal attire perform amusing "Hoppalas" ["oopsies"] for the town's inhabitants using traditional song texts.

As to the history of this "murder ballad": A man from Traunkirchen set up his nativity scene before the Christmas holidays. He discovered damage to the fence in his nativity scene, which he was sure to quickly repair with a super-adhesive. The man went into his workshop and wanted to open the tube of superglue. The lid of the tube, as we indeed all know from personal experience, was glued shut. The man opened the tube with pliers and squeezed vigorously. A stream of glue exited the tube from the pressure and landed right between the man's lips.

And so it happened that the "nativity scene builder" could no longer separate his lips. Desperate he went into the bathroom and cut his lips apart with a razorblade to be able to breathe again through his mouth. Blood naturally flowed. The locals in the inn were then told about the great "pain". And so it happened that a "listener" in the inn told the men of the murder ballads, who naturally made a story out of it in the time-honoured form of song. The story would certainly not have been recited during carnival if the "nativity builder" had been seriously injured. The search for the next story is already in full swing under "the strictest secrecy" ...

FETZENMONTAG – DER EBENSEER NATIONALFEIERTAG
FETZEN (RAGS) MONDAY – THE EBENSEE NATIONAL HOLIDAY

An vielen Häusern und Gasthäusern hängt die „Fetzenfahne" (Faschingsfahne) als Zeichen der Tradition und der Freude. | *The "Fetzen flags" (carnival flags) hang on many homes and inns as symbols of tradition and joy.*

Nach einigen gemütlichen Stunden in Gasthäusern macht man sich auf den Weg zum Ausgangpunkt des „Fetzenzuges" in der Kohlstatt. | *After a few cosy hours in the taverns people make their way to the starting point of the "Fetzen parade" in Kohlstatt.*

Aufstellung zum „Gruppenfoto" bei Gemütlichkeit und guter Stimmung.
Assembling for the group photo full of camaraderie and good spirits.

Auch die Pritschenmeister, die sogenannte Fetzenpolizei (meist Kinder und Frauen) sind bereits am Ausgangpunkt des Umzuges. | *Also the jesters, the so-called "Fetzen police" (usually women and children) are standing ready at the starting point of the parade.*

Immer noch fahren Fahrzeuge mit Gruppen von „Fetzen", welche es „schafften", die Gasthäuser noch rechtzeitig zu verlassen, Richtung Kohlstatt.
Vehicles are still driving toward Kohlstatt with the groups of "Fetzen", who "managed" to leave the inns on time.

FASCHINGTAG', FASCHINGTAG', KOMMEN BALD WIEDER . . .
FASCHING DAY, FASCHING DAY, COME AGAIN SOON ...

Langsam verschwinden die in den letzten Jahrzehnten in Mode gekommenen Fransen auf den „Fetzenkleidern" wieder.
Man besinnt sich auf das „Ursprüngliche", nämlich die alten Kleider aus den Anfangszeiten des Ebenseer Faschings.
The fringes that came into fashion in the past decades are slowly disappearing again from the "Fetzen clothing".
Now people are reflecting again on what's "original", namely the old clothing from the early days of Ebensee carnival.

Um 15 Uhr dieses Tages setzt sich der „Fetzenzug" Richtung Ortszentrum in Bewegung. Vorne weg die Musik, dann die Garde, das Prinzenpaar als „Fetzen" verkleidet, die „Pritschenmeister" und dann eine Unzahl von „Fetzen", welche von den am Straßenrand zusehenden Menschen allerlei „Missgeschicke" zu berichten wissen. Die Stimme wird verstellt und die „Geschichten" werden fast „singend" vorgetragen.

Sollte man dennoch erkannt werden, gilt seit den Anfangzeiten des Faschings in Ebensee: An diesem Tag kann man alles sagen, was einem am Herzen liegt, auch zu Vorgesetzten oder sonstigen Persönlichkeiten, ohne beleidigend zu werden. Diese „Äußerungen" am Fetzenmontag „dürfen und durften" keine Nachteile für den „Fetzengeher" bringen. Und immer und immer wieder erklingt durch die Musikkapelle der Ebenseer Fetzen- oder Parapluiemarsch (aus dem Französischen für Regenschirm).

At 3.00 pm on this day the "Fetzen" parade heads towards the town centre. The music is out in front, then the guard, the prince and princess are disguised as "Fetzen", the "jesters" and then countless "Fetzen", who report all manner of "misfortunes" to the people standing along the edge of the road watching. The voice is disguised and the "stories" are told in sing-song.

If one is nevertheless recognised, one thing has applied since the beginnings of carnival in Ebensee: On this day one can say everything on their mind, even to superiors or other people, without being offensive. These "comments" on Fetzen Monday "cannot and could not" be held against the "Fetzen goer". And time and again the sounds of the band accompany the Ebensee Fetzen or Parapluie march (antiquated French term for umbrella).

Nach dem Umzug verlagert sich das Faschingstreiben langsam in die Gasthäuser des Salinenortes Ebensee, wo es im wahrsten Sinne des Wortes „heiß" hergeht.
After the parade, the carnival action slowly moves into inns in the saline town of Ebensee, where things "heat up" in the truest sense of the word.

Zu sehr später Stunde treten viele müde, aber großteils wieder vereint, den Heimweg an.
At very late hours many tired but largely reunited people make their way home.

Faschingdienstag: In einigen Orten des Traunseegebietes finden an diesem Tag wieder Faschingsveranstaltungen statt.
Shrove Tuesday: Some towns in the Traunsee region hold carnival events on this day.

ASCHERMITTWOCH – FETZEN- ODER FASCHINGVERBRENNEN
ASH WEDNESDAY – FETZEN OR CARNIVAL EFFIGY

Wo in einigen Orten am Traunsee schon wieder relative Ruhe eingekehrt ist, findet in Ebensee der Brauch des Fetzen- oder Faschingverbrennens statt. Unter Mitwirkung einer „Trauermusikkapelle" wird der Fetzen als Figur auf einem Fahrzeug zur nahen Traun gebracht. Unzählige Trauergäste begleiten den „Fasching" auf seinem letzten Weg zum Fluss, wo er verbrannt wird.

Anschließend geht es in die Gasthäuser zum „Heringsschmaus".

When relative quiet has returned to some places on Lake Traunsee, the Fetzen or carnival effigy tradition is held in Ebensee. With the assistance of a "mourning band" the Fetzen figure is brought on a vehicle to the nearby river Traun. Countless mourners accompany the effigy on its last trip to the river, where it is then burnt.

Afterwards everyone heads to the inns for Heringschmaus, a traditional Austrian herring feast.

www.salzkammergut-media.at

IMPRESSUM:

Eigentümer, Herausgeber, Verleger, Hersteller:
Salzkammergut Media Ges.m.b.H.
4810 Gmunden, Druckereistraße 4

Bilder, Zusammenstellung:
Johann Jocher, Ebensee – Attnang-Puchheim
Traunsee-Panoramakarte (Seite 6): Ferienregion Traunsee, www.traunsee.at
Symbolfoto Grünbergseilbahn: OÖ Seilbahnholding GmbH, 4810 Gmunden

Grafische Gestaltung:
Angelika Past, Salzkammergut Media Gmunden

Texte:
Dr. Walter Rieder, Johann Jocher, Josef Muhr

Übersetzung:
ICT - Dr. Schuster Übersetzungsbüro, 4840 Vöcklabruck

Verlags- und Herstellungsort:
Gmunden
ISBN: 978-3-901572-23-4

CREDITS:

Owner, editor, publisher, producer:
Salzkammergut Media Ges.m.b.H.
4810 Gmunden, Druckereistraße 4

Photos, compilation:
Johann Jocher, Ebensee – Attnang-Puchheim
Traunsee panoramic map (Page 6): Traunsee Holiday Region, www.traunsee.at
Sample photo Grünbergseilbahn: OÖ Seilbahnholding GmbH, 4810 Gmunden

Graphic Design:
Angelika Past, Salzkammergut Media Gmunden

Text:
Dr. Walter Rieder, Johann Jocher, Josef Muhr

Translation:
ICT - Dr. Schuster Übersetzungsbüro, 4840 Vöcklabruck

Place of publishing and manufacture:
Gmunden
ISBN: 978-3-901572-23-4